Assédio Sexual e os Limites Impostos pela Tipificação Penal e Outras Abordagens de Apelo Sexual no Ambiente de Trabalho

Marco Aurélio Aguiar Barreto

Mestre em Direito Internacional Econômico pela Universidade Católica de Brasília. Graduação em Direito pela Universidade Estadual de Sta. Cruz/Bahia (1984). Consultor Jurídico/Gerente Executivo Jurídico da Diretoria Jurídica do Banco do Brasil S/A. Professor em Direito do Trabalho e Direito Processual do Trabalho. Pós-graduação em Direito do Trabalho; Direito Processual Civil; Direito Civil – Contratos; MBA – Estratégia de Negócios e MBA – Gestão de Serviços Jurídicos pela FGV. Membro do IBDSCJ – Instituto de Direito Social Cesarino Junior, da ABAT – Associação Bahiana de Advogados Trabalhistas e da JUTRA – Associação Luso-Brasileira de Juristas do Trabalho.

Camila Pitanga Barreto

Bacharela em Direito pelo IESB – Centro Universitário, Brasília/DF. Pós-Graduação Especialista em Direito Material e Processual do Trabalho, pelo IDP – Instituto Brasiliense de Direito Público, Escola de Direito de Brasília, 2015/2016. Especialista em Direito Privado pela Faculdade 2 de Julho, Salvador/BA, 2015/2016. Especialista em Direito Público pela Faculdade Integrada UNYLeya, Brasília/DF, 2016/2017.

Assédio Sexual e os Limites Impostos pela Tipificação Penal e Outras Abordagens de Apelo Sexual no Ambiente de Trabalho

EDITORA LTDA.
© Todos os direitos reservados

Rua Jaguaribe, 571
CEP 01224-003
São Paulo, SP — Brasil
Fone: (11) 2167-1101
www.ltr.com.br
Abril, 2018

Projeto Gráfico e Editoração Eletrônica: Peter Fritz Strotbek – The Best Page
Projeto de Capa: Fabio Giglio
Impressão: META

Versão impressa: LTr 5984.7 — ISBN 978-85-361-9612-1
Versão digital: LTr 9360.5 — ISBN 978-85-361-9661-9

Dados Internacionais de Catalogação na Publicação (CIP)
(Câmara Brasileira do Livro, SP, Brasil)

Barreto, Marco Aurélio Aguiar

Assédio sexual e os limites impostos pela tipificação penal e outras abordagens de apelo sexual no ambiente de trabalho / Marco Aurélio Aguiar Barreto, Camila Pitanga Barreto. — São Paulo : LTr, 2018.

Bibliografia.

Ambiente de trabalho 2. Assédio sexual 3. Relações de trabalho I. Barreto, Camila Pitanga. II. Título

18-14001 CDU-343.541.1:331.82

Índice para catálogo sistemático:
1. Assédio sexual : Relações de trabalho : Direito
343.541.1:82

A Ele, Deus Pai e Criador, pela constante manifestação
em todos os momentos da minha vida.

Pela paciência, amor e compreensão ao meu prazer pelos estudos
e pendor pelas pesquisas, expressos na ousadia de escrever,
dedico este trabalho a minha mulher e maior amiga Claudia Pitanga Barreto,
também estudiosa e bacharela em Direito, e às minhas filhas Larissa e Camila
Pitanga Barreto, coautora deste trabalho, frutos desse amor e razões de viver.

Ao meu pai Renée Rodrigues Barreto e a minha mãe
Etevalda Aguiar Barreto, ambos in memoriam, *meus inesquecíveis amigos*
e formadores, por tudo o que fizeram e representam.
Minha saudade!

Agradeço a Deus acima de tudo!
Aos familiares e amigos que participaram com sugestões e incentivos.
A minha gratidão e aquele abraço.

(...)

Meu caminho pelo mundo, eu mesmo traço
A Bahia já me deu, régua e compasso
Quem sabe de mim sou eu, aquele abraço (...).

"*Aquele abraço*". Letra e música de Gilberto Gil. Disponível em:
<www.gilbertogil.com.br/sec_discografia_obra.php?id=87-11k->.
Acesso em: 8 ago. 2007.

E assim peço vênia à autoria de Gilberto Gil,
destaque da cultura baiana e ícone da música,
para saudar a minha tão querida Bahia,
por ser o alicerce e o ponto de partida do meu traçado de vida,
com a régua e o compasso ressoados pela poesia.

Agradecimento ao Dr. Fábio Henrique Garcia Costa, sempre
estudioso, pelo oportuno auxílio na formatação e nas correções.

Sumário

Apresentação 11

Prefácio... 13

Introdução 15

Capítulo 1 — Conceito e Caracterização do Assédio Sexual 19
1.1. Da violação de direitos amparados na Constituição Federal 25
1.2. Por que o assédio sexual deve ser repelido? 26
1.3. Exemplos de atuações das empresas com o objetivo de coibir a ocorrência assédio
     sexual 27
     Código de Ética da Empresa L'Oréal... 28
     Código de Ética e Conduta da FIEP/SESI/SENAI/IEL 30
     Código de Ética e Conduta da Vale S./A. 32
     Código de Ética da Dudalina S./A. 32
     Código de Conduta dos empregados e dirigentes da Caixa Econômica Federal 33
     Código de Ética do Sistema Petrobras... 34
     Código de Conduta Ética da Organização Bradesco 35
     Código de Ética e Normas de Conduta do Banco do Brasil............... 37
1.4. Da apuração e responsabilização 39

Capítulo 2 — E Quando não é Assédio Sexual ou a Abordagem com Apelo Sexual no Ambiente de Trabalho não se Enquadra na Tipicidade do Art. 216-A, do Código Penal?... 43

Capítulo 3 — Assédio Sexual no Serviço Público................................. 49

Capítulo 4 — Breves Considerações sobre o Assédio Sexual nas Forças Armadas com Base no Código Penal Militar... 56

Capítulo 5 — Direito Comparado 62
5.1. União Europeia.. 62
5.2. Argentina... 65

5.3. Chile.. 65

5.4. Colômbia... 66

5.5. Costa Rica 67

5.6. Peru.. 68

5.7. Portugal 69

5.8. Uruguai.. 73

Considerações Finais 75

Referências Bibliográficas... 77

"Obstáculos são aqueles perigos que você vê quando tira os olhos de seu objetivo."

Henry Ford

"Embora ninguém possa voltar atrás e fazer um novo começo, qualquer um pode começar agora e fazer um novo fim."

Chico Xavier

"Eu agora diria a nós, como educadores e educadoras: ai daqueles e daquelas, entre nós, que pararem com sua capacidade de sonhar, de inventar a sua coragem de denunciar e anunciar. Ai daqueles e daquelas que, em lugar de visitar de vez em quando o amanhã, o futuro, pelo profundo engajamento com o hoje, com o aqui e agora, ai daqueles e daquelas que em lugar desta viagem constante ao amanhã se atrelem a um passado de exploração e rotina."

Paulo Freire, 1982

Apresentação

O assédio faz parte do relacionamento humano desde sua origem, notadamente nas relações de trabalho, que se caracterizam por níveis de hierarquização, de ascendência e poder, incluindo a possibilidade de demissão do trabalhador sem justa causa, mediante mera compensação pecuniária. Um contexto fértil para a proliferação de condutas abusivas, seja de cunho moral ou sexual.

A partir Lei n. 10.224, de 15 de maio de 2011, o assédio sexual ganhou contornos mais nítidos, e passou a ser tipificado como crime no art. 216-A do Código Penal Brasileiro, exigindo da doutrina, jurisprudência e operadores do Direito em geral, um olhar mais crítico e analítico sobre o tema.

É exatamente sobre esse prisma que a presente obra se apresenta, convidando o leitor a questionar as limitações e avanços trazidos pelo Código Penal no tratamento da matéria e o papel dos diversos setores sociais e do Poder Público no combate a tão nefasta forma de perseguição e abuso.

Sinto-me, portanto, honrado pelo convite dos amigos Marco Aurélio Aguiar Barreto e Camila Pitanga Barreto, especialistas em Direito Material e Processual do Trabalho (entre outras louváveis qualificações), para fazer o prefácio da presente obra, intitulada *"Assédio Sexual e os Limites Impostos pela Tipificação Penal e Outras Abordagens de Apelo Sexual no Ambiente de Trabalho".*

Aquele que agride a dignidade do seu semelhante, tendo presente a questão do assédio sexual, deve assumir a responsabilidade por suas próprias ações. Não cabe apenas ao poder público punir e conscientizar. É também dever das empresas manter um ambiente de trabalho sempre saudável, disciplinando, educando e orientando seu quadro de funcionários sobre as graves consequências dessa prática odiosa, que fere o princípio da igualdade, consagrado no art. 5º, *caput*, da Constituição Federal/88.

O texto enfatiza os avanços, esforços e falhas do setor empresarial no combate ao assédio. Traz em seu conteúdo exemplos de práticas já adotadas em alguns setores da economia para prevenir e coibir essa conduta criminosa, como os Códigos de Ética e Conduta adotados pela L'Oréal, Dudalina, FIEP/SESI/SENAI/IEL, Petrobras, Bradesco, Banco do Brasil, entre outros exemplos.

O tema é recorrente na Justiça do Trabalho, de maneira que o Colendo TST tem se pronunciado também por meio de boletins informativos, enfatizando a responsabilidade do agressor em todas as esferas: cível, trabalhista (dano moral), penal e administrativa. O exemplar também traz breves considerações sobre o tratamento da matéria pelo Direito Penal Militar.

Em outras palavras, trata-se de uma obra com relevante conteúdo e, ao mesmo tempo, de fácil leitura e compreensão, com abordagem completa sobre o tema, incluindo a normatização do assédio sexual e o grau de responsabilização dos infratores no direito comparado, em países da América Latina e União Europeia.

Parabéns pelo notável livro! Preciosa fonte de conhecimento e pesquisa sobre a prática e as consequências do assédio sexual no Brasil e no mundo.

Brasília, 16 de novembro de 2017.

Luís Antonio Camargo de Melo

Subprocurador-Geral do Trabalho. Procurador Geral do Trabalho (2011-2015). Professor de Direito do Trabalho do Centro Universitário IESB (Brasília). Membro honorário do IAB – Instituto dos Advogados Brasileiros. Membro da JUTRA – Associação Luso-Brasileira de Juristas do Trabalho.

Prefácio

A velha Consolidação das Leis do Trabalho (CLT) relaciona, no art. 483, atos do empregador que admitem interpretação como dispensa indireta. São sete as condutas que permitem ao empregado reclamar o pagamento de verbas indenizatórias, como se despedido sem justa causa fosse. Exigência de serviços superiores as suas forças, defesos por lei, contrários aos bons costumes ou alheios ao contrato, tratamento com rigor excessivo, perigo manifesto de mal considerável, cometer o empregador diretamente, ou mediante prepostos, ato lesivo da honra e boa fama, estão entre os abusos determinantes de despedida indireta.

Não obstante caracterize-se pelo dilatado raio de ação, a CLT ignorou o assédio moral ou sexual, talvez porque ambas as modalidades ilícitas de pressão, e de constrangimento, só viessem a ser conhecidas a partir do momento em que mais numerosa tornou-se a presença da mulher nos locais de trabalho. A primeira e a segunda guerras mundiais levaram aos campos de batalha milhões de homens jovens e adultos, abrindo gigantescos espaços para a mão de obra feminina. A solução consistiu em contratá-las para trabalho em fábricas. O encerramento da guerra, em 1945, não provocou o regresso ao lar da trabalhadora, que tomara gosto pelas atividades industriais, comerciais, bancárias, e permaneceu oferecendo a sua criatividade, disciplina, inteligência e dedicação ao desenvolvimento social, econômico e científico da humanidade.

A preocupação da Consolidação das Leis do Trabalho com a defesa da mulher já se manifestava no Título III que trata *Das Normas Especiais de Tutela do Trabalho*, cujo *Capítulo III* cuida, especificamente, *Da Proteção do Trabalho da Mulher*. Ali se encontram inscritas regras de caráter geral, como aquelas que disciplinam a duração e as condições de trabalho, e os dispositivos de amparo da maternidade. O Título IV, disciplinador do contrato individual de trabalho, na edição original da CLT trazia o art. 446, cujo texto dizia: "Presume-se autorizado o trabalho da mulher casada e do menor de 21 anos e maior de 18. Em caso de oposição conjugal ou paterna, poderá a mulher e o menor recorrer ao suprimento da autoridade judiciária competente". O parágrafo único, por sua vez, facultava ao marido ou pai "pleitear a rescisão do contrato de trabalho, quando a sua continuação for suscetível de acarretar ameaças aos vínculos da família, perigo manifesto às condições peculiares da mulher ou prejuízo de ordem física ou moral para o menor". Ambos os dispositivos refletiam a suposição de que locais de trabalho, ensejando contato permanente com adultos do sexo masculino, oferecia perigo às mulheres solteiras ou casadas e aos menores. Na opinião do jurista Alonso Caldas Brandão, um dos primeiros a comentar a Consolidação, "O artigo adota, como se vê, inteligente sistema de pesos e contrapesos. Considera o maior de 18 anos, e a mulher casada, autorizados a estabelecer relação de emprego, mas outorga ao marido e ao responsável pelo menor a faculdade de opor-se, caso em que cabe recurso ao suprimento judicial". O dispositivo seria revogado em 1989, pela Lei n. 7.955, embora houvesse caído em desuso após a aprovação da Lei n. 4.121, de 27.8.1962, conhecida como Estatuto da Mulher Casada.

Cabe lembrar que, na redação original, o Código Civil de 1916 incluía entre os incapazes, "relativamente a certos atos ou à maneira de exercê-los" (art. 147, n. 1), as mulheres casadas, enquanto subsistisse a sociedade conjugal. Pertencia ao tempo em que a mulher dirigia-se ao marido, em público ou na vida privada, com o reverente tratamento de senhor.

O livro escrito pelo ilustre advogado e professor Dr. Marco Aurélio Aguiar Barreto, em parceria com a Dra. Camila Pitanga Barreto, enriquece escassa biblioteca de obras especializadas no estudo do relevante assunto. Embora homens possam passar pelo constrangimento do assédio sexual, são as mulheres as grandes vítimas da sutil forma de violência, mas não apenas em locais de trabalho, como, também, nas ruas, em veículos de transporte coletivo e no trânsito. Somos parte de sociedade com raízes escravocratas e machistas, cujos efeitos presenciamos ou dos quais recebemos constantes notícias.

Assédio tem como sinônimos as expressões perseguir, importunar, molestar com perguntas ou pedidos, conforme o *Dicionário* de Francisco Fernandes. É inconfundível com o galanteio, mas sem atingir a violência do estupro. Quando não for de imediato reprimido poderá estimular comportamento de superior gravidade, com terríveis consequências.

O local de trabalho é sagrado e deve ser seguro. É inaceitável que no interior da fábrica, do escritório, da agência bancária, alguém, homem ou mulher, tire partido da proximidade com colega para tentar seduzir ou satisfazer as exigências de incontrolável libido.

As pessoas nunca são iguais. Algumas apreciam ser alvo de atenções, outras preferem cautelosa distância. O simples dar a mão, dizer bom dia, elogiar o trabalho, deve ser levado a efeito com extremos de cuidados. Dizem os franceses, *la familiarité engendre le mépris*. Por elementar cautela é recomendável, portanto, evitar a lisonja, o afago, o elogio desnecessário, ou qualquer outra insinuação de intimidade.

Ao empregador, pessoa física ou jurídica, sociedade ou associação, partido político ou sindicato, compete empenhar-se no sentido de preservar o ambiente de trabalho e impedir que pessoas imprudentes ignorem a diferença entre ser atencioso e bem educado para fazer-se de galanteador. Não contido imediatamente, talvez se transforme em molestador deseducado, inconveniente, talvez violento.

A proliferação de ações trabalhistas, destinadas a exigir reparação por assédio moral ou sexual recomenda a máxima prudência. O livro do professor Dr. Marco Aurélio Barreto e da Dra. Camila Pitanga Barreto, surge em momento apropriado e deverá permanecer ao alcance da mão de todos que convivem, na condição de chefe, colega ou subordinado, com representantes do sexo feminino.

Almir Pazzianotto Pinto
Advogado e Consultor Jurídico. Ministro Aposentado do
Tribunal Superior do Trabalho. Ex-Ministro de Estado do
Trabalho. Autor de livros e dezenas de artigos publicados
em revistas especializadas e jornais de grande circulação,
pareceres e arrazoados jurídicos. Ocupa a Cadeira n. 32 da
Academia Nacional de Direito do Trabalho, desde 5.6.1997.

Introdução

A ssédio, no seu sentido mais amplo, na literalidade significa "1. insistência, impertinência, perseguição, sugestão ou pretensão constantes em relação a alguém(...)", segundo Antônio Houaiss e Mauro de Salles Villar[1].

O assédio é um tipo de comportamento que faz parte de toda espécie de relacionamento humano, embora não deva, nunca, ser praticado, tampouco, tolerado.

Não se trata de um fenômeno novo, tanto sob o aspecto de violência moral ou sexual, notadamente no ambiente de trabalho. E o fato de existirem legislações com o sentido de inibir a ocorrência de tal violência não resolve o problema, apenas ajuda a inibir a sua prática. Por isso, tanto se debate o assunto como forma de conscientização das pessoas envolvidas, seja figurante no polo ativo ou passivo, mediante a identificação das ações, comportamentos, e até omissões, consideradas prejudiciais aos ambientes sociais, sobretudo, o ambiente de trabalho, de forma que se possibilite o resgate ao respeito e à dignidade do ser humano.

O assédio sexual sempre fez parte da história da humanidade, observado de forma mais acentuada no que pertine à discriminação em relação à mulher praticada pelo homem, por razões culturais e sociais, em decorrência do poder que este sobre ela sempre exerceu desde sua origem. Essa relação de poder de ascendência do homem sobre a mulher iniciou o seu declínio a partir da década de 1960, no contexto da revolução dos costumes.

Basta que se observem algumas situações próprias da relação de poder, historicamente, exercida pelo homem: Os povos conquistadores escravizavam os conquistados, onde os homens quando não eram mortos, destinavam-se ao trabalho braçal, enquanto as mulheres eram alvos fáceis de abusos sexuais.

No período da escravatura no Brasil têm-se notícias na literatura, inclusive, que os senhores de fazendas abusavam sexualmente das suas escravas, porque consideradas pelo sistema legal vigente à época, como coisas, portanto, propriedades desses senhores. Da mesma forma, no passado, sempre surgiam comentários sobre perseguições perpetradas por alguns patrões

---

(1) HOUAISS, Antônio; VILLAR, Mauro de Salles. *Dicionário Houaiss da Língua Portuguesa*, elaborado pelo Instituto Antônio Houaiss de Lexicografia e Banco de Dados da Língua Portuguesa S/C Ltda. Rio de Janeiro: Objetiva, 2001. p. 319.

contra empregadas domésticas, a fim de satisfazerem seus prazeres sexuais e, inclusive, não são raras as histórias — verdadeiras ou não — de que muitos rapazes tiveram suas iniciações sexuais, mediante abusos cometidos contra empregadas domésticas.

Tendo presente a constante necessidade de afirmação dos princípios do respeito à dignidade da pessoa humana e a igualdade de tratamento entre homens e mulheres, bem como, o repúdio a quaisquer formas de discriminação, situa-se a relevância do tema sob os aspectos político, social e acadêmico.

A escolha do tema deu-se muito ao fato de que a prática do assédio, apesar de antiga, ganha contornos modernos no ambiente de trabalho, tendo a figura da mulher como seu principal alvo, tanto por intimidação, como por chantagem, tanto por ação de agentes superiores hierárquicos, como do mesmo nível. E nesse contexto houve a tipificação penal pela Lei n. 10.224, de 15 de maio de 2011, alvo de críticas pelo seu conteúdo restritivo para um problema sério e amplo.

E qual é o campo de análise da presente pesquisa? O ambiente de trabalho e, também, o contexto das relações decorrentes, em razão do trabalho, mesmo porque a prática do assédio não se restringe tão somente o ambiente interno das empresas. Importante salientar que constrangimentos e violações à dignidade da pessoa humana não se restringem aos limites impostos pela tipificação penal do assédio sexual, por força da Lei n. 10.224, de 15 de maio de 2011, que introduziu o art. 216-A no Código Penal Brasileiro. Outras práticas podem ser apuradas e enquadradas como incontinência de conduta ou mau procedimento, de acordo com a legislação trabalhista.

Nas relações de trabalho, porque existem níveis de hierarquização, torna-se mais suscetível de ocorrer, em razão da relação de poder que se estabelece entre superiores hierárquicos e subordinados, ou mesmo, entre pessoas que ocupam o mesmo nível hierárquico, situação em que um deles pode exercer liderança no grupo.

Merece observação de que o assédio é mais frequente nas relações de poder e subordinação. São casos em que os superiores hierárquicos ainda imaturos ou perversos, ou mesmo ansiosos pelo poder ou por mais poder, se vêem seduzidos no exercício desse poder e procuram a todo instante estabelecer e tentarem se afirmar nas relações, utilizando-se do artifício da criação de dependência. E como podem agir, por exemplo? Sem a pretensão de esgotamento de possíveis hipóteses, mas, não raro observa-se uma atitude nefasta de cobrança de serviços expondo o subordinado a seu argumento de que: "você deve sua ascensão a mim, à minha intervenção em seu favor, portanto, você me deve isso".

Ora, assim, cria-se uma relação de dependência quase doentia, na qual o subordinado recebe verdadeira lavagem cerebral de que seu compromisso — sentimento de fidelidade e subserviência — é com o Chefe. E, sem dúvidas, esquece-se de que o seu compromisso, sua relação de lealdade deve ser com a Empresa, que, inclusive, lhe deve tratamento recíproco e de respeito à dignidade.

O fenômeno do assédio tem preocupado não apenas trabalhadores e empresários, como também as organizações sindicais, autoridades, legisladores e operadores do Direito, em razão das consequências maléficas e degradantes para o ambiente de trabalho e para a saúde do trabalhador.

A prática do assédio, de qualquer natureza, seja moral seja sexual, é geradora de desarmonia no ambiente de trabalho e causadora de prejuízos para a empresa e para a sociedade, haja vista que, em decorrência da destruição da autoestima do trabalhador assediado, não raro resta acometido de depressão, com afastamento dos quadros da empresa em licença-saúde. Instala-se o clima de insegurança no ambiente de trabalho.

A pesquisa concentrou-se no conceito e caracterização do assédio sexual, como procedido no trabalho sobre o tema Assédio Moral no Trabalho[2], publicado pela LTr Editora, na relação de trabalho, assim como, na análise da responsabilidade do empregador e sobre o cabimento de medidas que podem ser adotadas, no sentido de esclarecer, coibir e penalizar os seus administradores e prepostos causadores de danos e prejuízos à Empresa, em razão de ações indenizatórias de autoria das vítimas. O estudo enfatizou a atuação do Ministério Público do Trabalho, o comportamento da jurisprudência dos Tribunais Trabalhistas, bem como a legislação interna e a abordagem do assunto no Direito Comparado.

---

(2) BARRETO, Marco Aurélio Aguiar. *Assédio moral no trabalho – Responsabilidade do empregador:* perguntas e respostas. 2. ed. São Paulo: LTr, 2009.

A prática do assédio de qualquer natureza, seja moral seja sexual, é geradora de desarmonia no ambiente de trabalho e causadora de prejuízos para a empresa e para a sociedade, haja vista que, em decorrência da destruição da autoestima do trabalhador assediado, não raro resta acometido de depressão, com afastamento dos quadros da empresa em licença-saúde. Instala-se o clima de insegurança no ambiente de trabalho.

A pesquisa concentrou-se no conceito e caracterização do assédio sexual, como procedido no trabalho sobre o tema Assédio Moral no Trabalho[2], publicado pela LTr Editora, na relação de trabalho, assim como, na análise da responsabilidade do empregador e sobre o cabimento de medidas que podem ser adotadas, no sentido de esclarecer, coibir e penalizar os seus administradores e prepostos causadores de danos e prejuízos à Empresa, em razão de ações indenizatórias de autoria das vítimas. O estudo enfatizou a atuação do Ministério Público do Trabalho, o comportamento da jurisprudência dos Tribunais Trabalhistas, bem como a legislação interna e a abordagem do assunto no Direito Comparado.

(2) BARRETO, Marco Aurélio Aguiar. Assédio moral no trabalho – Responsabilidade do empregador: perguntas e respostas. 2. ed. São Paulo: LTr, 2009.

1

Conceito e Caracterização do Assédio Sexual

O assédio moral ainda não está tipificado em lei específica, embora passível de enquadramento, em especial, na Consolidação das Leis do Trabalho. Por outro lado, o assédio sexual já está tipificado, no art. 216-A, do Código Penal Brasileiro.[3]

Trata-se de um crime contra os costumes, especialmente, contra a liberdade sexual, considerado próprio e puro, porque deixa de ser considerado como crime, caso cometido por sujeito diverso do indicado no tipo penal. O sujeito ativo é, exclusivamente, a pessoa que seja superior hierárquico ou tenha ascendência no trabalho[4] sobre o sujeito passivo, que é subordinado ou empregado — não subordinado diretamente — de escalão inferior ao sujeito ativo.

São crimes comissivos porque dependem de uma ação, cuja consumação dá-se por uma única conduta, que constrange e é suficiente para produzir o resultado, independentemente da obtenção do favor sexual, por isso, instantâneo.

O núcleo do tipo penal definidor do assédio sexual é o constrangimento e, além disso, não se restringe à mulher como vítima, pois a expressão do legislador independe de opção sexual. Isto, ao contrário do contido, por exemplo, no art. 213, do Código Penal Brasileiro que delimita a hipótese de estupro ao ato de "constranger mulher à conjunção carnal, mediante violência ou grave ameaça", ou ainda, na hipótese de atentado violento ao pudor, expresso no art. 214, do mesmo diploma legal como, "constranger alguém, mediante violência ou

---

(3) BRASIL. *Lei n. 10.224, de 15 de maio de 2011.* Altera o Decreto-lei n. 2.848, de 7 de dezembro de 1940 – Código Penal, para dispor sobre o crime de assédio sexual e dá outras providências. Publicação no *Diário Oficial da União* – Seção 1 – Eletrônico – 16 maio 2011, p. 1. Disponível em: <http://www2.camara.gov.br/legin/fed/lei/2001/lei-10224-15-maio-2001-332602-publicacaooriginal-1-pl.html>. Acesso em: 31 out. 2014.

Art. 216-A, do Código Penal Brasileiro: "Constranger alguém com o intuito de obter vantagem ou favorecimento sexual prevalecendo-se o agente da sua condição de superior hierárquico ou ascendência inerentes ao exercício de emprego, cargo ou função. Pena – detenção, de 1 (um) a 2 (dois) anos".

(4) Prefere-se considerar ascendência no trabalho, do que considerar ascendência no emprego, pois o assédio sexual pode ocorrer não apenas entre empregados da mesma empresa, como por exemplo, na hipótese de terceirização, entre um preposto da empresa que contrata a mão de obra terceirizada e o empregado (a) da empresa terceirizada (que é a empregadora da vítima).

grave ameaça, praticar ou permitir que com ele se pratique ato libidinoso diverso da conjunção carnal".

Em sentido estrito, o assédio sexual no trabalho requer a presença do constrangimento praticado pelo agente contra qualquer pessoa, valendo-se da sua condição de superior hierárquico da vítima, com o intuito de obter vantagem ou favorecimento sexual. É importante que se destaque bem o tipo penal, haja vista que não se confunde com outras atitudes impertinentes, insistências inoportunas praticadas no ambiente de trabalho ou em razão deste, sem a presença necessária da superioridade hierárquica ou a promessa de vantagem sexual em troca de favorecimento na empresa. São as situações que podem ser enquadradas como incontinência de conduta, o que será melhor detalhado mais adiante em item específico no decorrer deste trabalho.

A prática do assédio, notadamente, sob a espécie sexual, constitui uma grave violação aos direitos fundamentais da dignidade humana e dos valores sociais do trabalho, elevados à categoria de princípios fundamentais que regem a República, assumida como Estado Democrático de Direito, conforme sua apresentação no art. 1º da Constituição Federal de 1988. Ademais, a relação de trabalho pressupõe o caráter contratual formal ou informal — expressamente escrito, verbalizado ou tácito — portanto, o assédio contraria a boa-fé que deve estar presente nas relações de trabalho.

Em regra, a configuração do assédio sexual requer a presença da relação de poder entre o assediador(a) e assediado(a), além do comportamento repetitivo do agente em suas abordagens, agindo como forma de provocar o desejo sexual da sua vítima e atingir o seu objetivo.

Nesse ponto, Vólia Bomfim Cassar, defende que "o conceito de assédio sexual deve abraçar toda conduta sexual praticada, normalmente de forma reiterada, contra alguém que a repele"[5], no que destaca sua concordância com Rodolfo Pamplona, para quem se considera assédio sexual toda "conduta de natureza sexual não desejada que, embora repelida pelo destinatário, é continuamente reiterada, cerceando-lhe a liberdade sexual"[6].

Discorda-se dessa linha de entendimento quanto à necessidade de reiteração do comportamento do assediador. Isto porque a abordagem do agente, mesmo que sendo uma exceção à regra, pode ser tão contundente, grave, direta e, seguramente comprovada, que não restem dúvidas da presença do nefasto fenômeno do assédio sexual, embora seja sabido que a prova nem sempre seja fácil de ser obtida.

E como pode acontecer? A título de exemplo, se mediante algo escrito, por e-mail, bilhetes ou, se for possível, a gravação das seguintes abordagens: 1) você tem talento, mas, acima de tudo, é atraente. E se transar comigo poderá ascender mais rápido na empresa!; 2) quer fazer carreira na empresa? O pedágio é na minha cama!

Tais abordagens são suficientes para o preenchimento do tipo legal, eis que é instantânea a agressão à integridade moral e psicológica da vítima, que se sente humilhada, insultada e intimidada, como nas hipóteses.

---

(5) CASSAR, Vólia Bomfim. *Direito do trabalho*. 4. ed. Niterói: Impetus, 2010. p. 925.

(6) PAMPLONA FILHO, Rodolfo. *Assédio sexual*: questões conceituais. Disponível em: <http://jus.com.br/revista/texto/6826/assedio-sexual>. Acesso em: 8 jan. 2015.

Contudo, importa salientar que o pressuposto para a tipificação da conduta reside na ausência de consentimento da vítima.

Em tese, são elementos do tipo: 1) a coerção de caráter sexual praticada por superior hierárquico, ou seja, a presença do abuso de poder; 2) irrelevância do local da ocorrência, se interno ou externo ao ambiente da empresa, mas desde que praticado por superior hierárquico, com a presença do elemento intimidação para obtenção do favorecimento sexual; 3) pouco importa a preferência sexual dos envolvidos.

Conquanto, há quem não concorde com o conceito restritivo previsto no Código Penal, que em verdade, se limita a definir o assédio sexual no trabalho, o que não quer dizer que não existam outras situações de assédio sexual fora da relação de trabalho. Nesse sentido, para destacar o posicionamento de Vólia Bomfim Cassar[7], em seu excelente trabalho:

> (...) Entretanto, em termos trabalhistas defendemos que o assédio sexual tem contornos mais amplos, escapando do tipo penal, porque é inaceitável que o empregador pratique, permita a alguém praticar ou mantenha ambiente de trabalho hostil e ameaçador, sob a ótica sexual. Ademais, é possível um empregado fazer chantagem sexual contra sua gerente, obrigando-a a relações carnais, para manter o sigilo de segredo pessoal ou profissional a que teve acesso. O assédio sexual pode ser praticado por qualquer pessoa (empregado ou empregador) e, por ser uma violência contra a outra pessoa, é conduta faltosa que dá ensejo à justa causa ou despedida indireta (...).

O assunto assédio sexual tem sido preocupação constante dos operadores do Direito, tanto que o Tribunal Superior do Trabalho tem se pronunciado a respeito em matérias esclarecedoras, por intermédio de seus boletins informativos, por sua Assessoria de Comunicação Social, a exemplo da seguinte, assinada por Carmem Feijó[8], extraída da página do referido Tribunal na *Internet*, onde enfatiza como a prática desse tipo de assédio chega à Justiça do Trabalho, os seus tipos mais frequentes e como ocorrem as responsabilizações nas esferas cível, trabalhista, penal e administrativa, em ações direcionadas aos empregadores porque responsáveis pela sanidade do ambiente de trabalho, e a pessoa física do assediador responsável pelo ato ilícito. Para enriquecer a pesquisa, colaciona-se a seguinte transcrição:

> Esta é a forma mais frequente pela qual a prática — tipificada como crime pela legislação brasileira — chega à Justiça do Trabalho. O Tribunal Superior do Trabalho tem recebido casos desse tipo em grau de recurso, a partir de reclamações movidas contra os empregadores por trabalhadores que foram vítimas de assédio, ou por trabalhadores que se viram envolvidos, de alguma forma, em situações dessa natureza.

> A prática de assédio sexual foi integrada ao Código Penal em 2011, tornando-se crime sujeito à pena de detenção de um a dois anos. "Além de ser crime previsto no art. 216-A do Código, trata-se de uma conduta que gera responsabilidade

---

(7) CASSAR, Volia Bomfim. *Direito do trabalho*. 4. ed. Niteroi: Impetus, 2010. p. 925.

(8) FEIJÓ, Carmem. *Assédio sexual dá origem a vários tipos de processos trabalhistas*. Disponível em: <www.tst.jus.br>. Acesso em: 5 jan. 2015.

civil passível de indenização por danos morais", explica a ministra Maria Cristina Peduzzi, do TST. No âmbito penal, é a pessoa física do assediador que responde pelo ato ilícito. Como, por definição, trata-se de ato diretamente vinculado à relação de trabalho, no âmbito civil as partes têm recorrido à Justiça do Trabalho.

As ações trabalhistas que têm como matéria principal o assédio sexual são basicamente, de três tipos. O primeiro são os pedidos de indenização por danos morais por parte das vítimas. Há também os pedidos de rescisão indireta do contrato de trabalho — situação em que o empregado pede judicialmente sua demissão, tendo direito a todas as verbas rescisórias, como se tivesse sido demitido — quando se vê vítima desse tipo de comportamento. Há, ainda, processos envolvendo demissão por justa causa, especialmente quando a denúncia é contra o próprio patrão.

(...)

Para a ministra Cristina Peduzzi, a tipificação do assédio sexual no Código Penal e as condenações por danos morais "têm o efeito pedagógico de evitar a proliferação de práticas dessa natureza". Tanto é que há informações de que grandes empresas estão atentas ao problema e têm adotado políticas ostensivas para evitar o assédio sexual, informando a seus empregados sobre a gravidade das consequências da conduta delituosa.

Na citada matéria informativa, que por si, inspira o debate sobre o assunto, sob esse aspecto acerca da delicadeza do tema e dificuldades de comprovação da ocorrência da prática desse tipo de assédio, Carmem Feijó[9], com apoio em negativa de provimento de um agravo pelo Tribunal Superior do Trabalho, destaca que:

Tratando-se de questão delicada e de difícil comprovação, a Justiça tem tomado cuidado para evitar que a acusação de assédio sexual seja utilizada de má-fé ou de forma indevida. Recentemente, o TST negou provimento a agravo movido por um trabalhador que, demitido ao fim de contrato de experiência, afirmou ser vítima de discriminação por parte de seu chefe que, segundo suas alegações, "buscava fazer com que seus subordinados, entre eles o reclamante, estivesse disposto a saciar suas ânsias sexuais despadronizadas, e, com a recusa do reclamante, efetuou a ameaça de dispensa e, ante nova negativa, realizou a ameaça." Neste caso, o acusador não conseguiu reunir provas que respaldassem suas alegações.

Na análise jurisprudencial vale destacar o julgamento do Tribunal Superior do Trabalho, em processo de n. TST-RR-69178/2002-900-04-00.7, sob a relatoria do Ministro João Batista Brito Pereira[10], que em seu voto destacou que se o Tribunal Regional do Trabalho da 4ª Região consignou não haver provas do constrangimento provocado por favor sexual, não caberia o revolvimento de fatos e provas no âmbito do TST, de acordo com o teor de sua Súmula n. 126.

---

(9) FEIJÓ, Carmem. *Assédio sexual dá origem a vários tipos de processos trabalhistas*. Disponível em: <www.tst. jus.br>. Acesso em: 5 jan. 2015.

(10) BRASIL. TRIBUNAL SUPERIOR DO TRABALHO. *Processo TST-RR-69178-2002-900-04-00.7* – Acórdão da Quinta Turma, relatoria do Ministro João Batista Brito Pereira. Julgamento de 25 abr. 2007. Publicação no *DJ* de 11 maio 2007. Disponível em: <www.tst.jus.br>. Acesso em: 10 jan. 2015.

Nesse caso, extraiu-se que havia uma paquera insistente, porém discreta, com declarações de amor eterno, enviada pelo Secretário de um Sindicado a uma datilógrafa sua subordinada.

Na fase de instrução probatória restou conforme documentos, o suposto assediador externava o seu sentimento e pedido de namoro. Segundo a sentença, tanto pelas mensagens românticas, como pelas informações prestadas pelas testemunhas, não houve caracterização de proposta que tivesse afetado a integridade psicológica, nem a dignidade da empregada, nem a sua integridade física. Para a Corte o cortejo deu-se dentro da razoabilidade.

Inconformada, a empregada recorreu ao Tribunal Regional do Trabalho, com base em conceito doutrinário de que teria ocorrido assédio por intimidação. Entretanto, em seu acórdão, o TRT da 4ª Região, citando o Ministro Luiz Vicente Cernicchiaro, do Superior Tribunal de Justiça, entendeu que o cortejo/abordagem não tinha condição imposta, como por exemplo, para conservação do emprego ou chantagem por melhorias de condições no trabalho ou promoções, podendo a mulher no exercício da sua liberdade aceitar ou recusar.

Eis uma recente decisão da 2ª Turma do Tribunal Superior do Trabalho[11], sob a relatoria do Desembargador Convocado Gilmar Cavalieri, que negou provimento ao agravo de instrumento interposto pela Empresa Brazil Pharma S.A., em julgamento de 5 de novembro de 2014, no processo n. TST-AIRR-1096-07.2013.5.08.0015, originário do Tribunal Regional do Trabalho da 8ª Região (Pará e Amapá). Nesse processo restou comprovada, segundo entendimento daquele Tribunal Regional, a prática de assédio sexual por 2 (dois) empregados da referida empresa contra uma empregada.

A prova, ao que se indica, foi produzida, inclusive, com juntada de DVDs contendo gravações de imagens do dia 26 de julho de 2013, do ambiente interno e externo, extraídas de 5 câmeras da empresa, tendo a Reclamante, também registrado Boletim de Ocorrência na DEAM. Restou comprovado o repúdio da Reclamante às atitudes reiteradas de abusos por parte de um dos indicados como agentes do assédio. Eis o posicionamento do Tribunal, contido no Acórdão Regional, reproduzido no Acórdão sob comento.

> A caracterização do assédio sexual deve preencher os seguintes requisitos: o agente assediador; o assediado; uma resistência da vítima à pretensão do assediador; e por fim, a conduta que pode ser ou não reiterada.
>
> No caso em tela, não há dúvida que os senhores Rodrigo e Daniel foram os assediadores; a reclamante Tayane a assediada; houve a resistência por parte da vítima, face o registro do boletim de ocorrência na DEAM, bem como o ajuizamento desta ação judicial; e, finalmente, a conduta não reiterada por parte de Rodrigo, entretanto, reiterada pelo reclamado Daniel, face as atitudes de roçar sua perna na perna da reclamante durante uma reunião; elogiar o batom que a reclamante estava usando, ter pedido para a reclamante anotar o número do seu telefone no celular dele. Configurando-se legítima perseguição.
>
> (...) Importante ressaltar a inserção do local de trabalho no conceito de meio ambiente, corroborando que o meio ambiente do trabalho, seguro e adequado, efetivamente integra a categoria de direitos fundamentais do trabalhador.

---

(11) BRASIL. TRIBUNAL SUPERIOR DO TRABALHO. *Processo TST-AIRR-1096-07.2013.5.08.0015*, Acórdão da Segunda Turma, relatoria do Desembargador convocado Gilmar Cavalieri. Publicação do DEJT de 5 nov. 2014. Disponível em: <www.tst.jus.br>. Acesso em: 5 jan. 2015.

Além disso, pela característica da ação do agressor, a prova do assédio sexual é bastante dificultada, não ocorre de maneira pública, e sim quando assediador e assediado estão a sós, de forma velada ao público, geralmente praticado a portas fechadas. Por isso que os depoimentos testemunhais quase sempre não contribuem de forma satisfatória para a elucidação dos fatos.

(...) Portanto, de acordo com todo acervo probatório, comprovou-se o assédio sexual pela condição degradante a que foi exposta a reclamante no ambiente de trabalho, com evidente prejuízo ao seu moral, a sua autoestima e a sua higidez física, psíquica e emocional.

Provada a ocorrência do assédio sexual praticado pelos senhores Rodrigo Abbes Baeta Neves e Daniel Miraldes Bulus, deve a primeira reclamada arcar com o prejuízo moral nos termos do art. 932 111 do CC, impondo-se, por fim, o justo ressarcimento à reclamante vítima nos moldes dos art. 186 c/c 927 do CC.

Quanto ao arbitramento da indenização. Na Justiça do Trabalho o valor é arbitrado de acordo com a discricionariedade do juiz, face inexistência de dispositivo legal que estabeleça valores a cada espécie de ofensa. E anda bem o legislador em não "tabelar" as diversas formas de ofensas ao direito da personalidade da vítima, pois cada caso contém suas especificidades.

Ao arbitrar o valor da indenização, deve o julgador se valer dos princípios da razoabilidade e da equidade, devendo observar a situação econômica do ofendido e os reflexos que o dano lhe causou; a gravidade dos atos do assediador; bem como, observar a possibilidade econômica da empresa; tendo serventia, ainda, o caráter pedagógico da pena. PHARMA S.A., é uma empresa de grande porte do ramo varejista farmacêutico que atua em várias regiões deste país.

(...) ANTE O EXPOSTO, conheço do recurso ordinário da reclamante, porque preenchidos os pressupostos de admissibilidade; no mérito, dou-lhe provimento para condenar os reclamados ao pagamento de indenização por danos morais no valor de R$ 30.000,00, em decorrência de assédio sexual". (Grifei) – grifos no original

Na mesma linha de entendimento, porque comprovada em Juízo a existência de prática de assédio sexual, destaca-se o também recente Acórdão da 7ª Turma do Tribunal Superior do Trabalho, julgamento de 19 de novembro de 2014, sob relatoria do Desembargador Arnaldo Boson Paes, no Processo n. TST-AIRR-8302-40.2012.5.12.0001[12], originário da 12ª Região (Santa Catarina).

Nesse processo, segundo consta, restou comprovada a prática de assédio sexual, combinada com a de assédio moral, porque houve a promessa de vantagem em contrapartida ao favorecimento sexual pelo superior hierárquico, bem como, a ameaça de dispensa, além da cobrança abusiva de metas. Eis o trecho da Ementa/Acórdão no que se aproveita para fundamentar esta citação:

AGRAVO DE INSTRUMENTO EM RECURSO DE REVISTA. ASSÉDIO SEXUAL PRATICADO POR SUPERIOR HIERÁRQUICO. A Corte local, soberana na análise do conjunto fático-probatório, concluiu que as alusões explícitas ou implícitas, mesmo que por meio eletrônico (e-mail, torpedos etc.), quanto à promessa de vantagem, ou, ainda, de vingança, sobre a subordinada para obter favores sexuais caracterizou a prática de assédio sexual pelo superior hierárquico. Intangível essa moldura fática (TST, Súmula n. 126), não se viabiliza a revista por violação aos arts. 818 da CLT e 333, I, e 334, II e III, do CPC. Agravo de instrumento desprovido.

---

(12) BRASIL. TRIBUNAL SUPERIOR DO TRABALHO. *Processo n. TST-AIRR-8302-40.2012.5.12.0001*, Acórdão da Sétima Turma, relatoria do Desembargador convocado Arnaldo Boson Paes, Publicado no DEJT de 28 nov. 2014. Disponível em: <www.tst.jus.br>. Acesso em: 5 jan. 2015.

ASSÉDIO MORAL. COBRANÇA ABUSIVA DE METAS. AMEAÇAS DE DISPENSA. O Regional, diante da prova produzida, concluiu pela política organizacional de cobrança abusiva de metas de produtividade, com a utilização de ameaças de demissão e de demissões, em conduta reiterada, ao longo de todo o contrato de trabalho. Nesse contexto, não se viabiliza a revista por violação aos arts. 818 da CLT e 333, I, e 334, II e III, do CPC, diante da moldura fática apresentada (TST, Súmula n. 126). Agravo de instrumento desprovido.

DANO MORAL. *QUANTUM* INDENIZATÓRIO. CRITÉRIOS. O objetivo da indenização é a compensação não insuficiente do sofrimento da vítima, ao mesmo tempo em que se desestimula o ofensor ou qualquer outro à prática de novos atos ilícitos. Para a dosagem do valor é necessário considerar a gravidade e, com cautela, a extensão do dano causado na vítima, a situação econômica do responsável pela lesão e, para fins de agravamento, a dimensão de sua culpa, além das circunstâncias do caso. Em certas situações, com vistas a prevenir novos ilícitos, a exacerbação da indenização para fins punitivos deve levar em conta a dimensão social dos danos causados e a capacidade econômica do ofensor. Os valores de R$ 50.000,00 e de R$ 20.000,00, fixados pelo acórdão, em relação aos assédios sexual e moral, não discrepam desses critérios, não se cogitando de violação ao art. 5º, X, da CF. No tocante à quantificação da indenização por dano moral, os arestos são inespecíficos, não partem da mesma identidade fática e não revelam a existência de teses diversas na interpretação de um mesmo dispositivo normativo (TST, Súmula n. 296, I). Agravo de instrumento desprovido.

Como se observa, houve desprezo à dignidade da empregada, alijando-a dos seus valores fundamentais, conforme consignado na decisão.

1.1. Da violação de direitos amparados na Constituição Federal

As formas de assédio, seja na tipificação sexual ou na conceituação do assédio moral, são práticas violadoras de princípios e direitos constitucionais, da dignidade, honra e moral inerentes aos seres humanos, gerando constrangimento, cerceamento da liberdade de autodeterminação, danos à integridade física e psíquica do(a) trabalhador(a), e a consequente degradação do ambiente de trabalho, que deve ser mantido sadio e de responsabilidade dos seus integrantes e conviventes e, sobretudo, do empregador e seus prepostos.

Embora a Constituição Federal de 1988, seja na sua essência em gênero programática, não tratando com especificidade e diretamente de certos temas, mas, sem maiores dificuldades são identificadas previsões violadas a partir, inclusive, dos seus Princípios Fundamentais como no art. 1º, incisos III e IV, no que tange à dignidade da pessoa humana e os valores sociais do trabalho, combinados com o da cidadania, porque o Brasil se reconhece e assume perante a Comunidade das Nações, como um Estado Democrático de Direito.

Da mesma forma, há de se afirmar sempre que a nefasta prática do assédio sexual ainda confronta com os objetivos fundamentais da República Federativa do Brasil, consoante o art. 3º, incisos I e IV, de construir uma sociedade livre, justa e solidária, como, também, de promover o bem de todos, sem preconceitos de origem, raça, sexo, cor, idade e quaisquer outras formas de discriminação.

Essa prática discriminatória configura, ainda, violação a direitos e garantias fundamentais enfeixados a partir do *caput* do art. 5º da Constituição Federal, porque todos devem ser tratados de forma igualitária, sem distinção de qualquer natureza, com garantias de inviolabilidade do direito à vida, à liberdade, à igualdade e à segurança, com o segmento do seu inciso I, onde prevê-se a igualdade de homens e mulheres em direitos e obrigações. Podendo, ainda, salientar que ninguém será obrigado a fazer ou deixar de fazer alguma coisa senão em virtude de lei, ou seja, o princípio da legalidade previsto no mesmo art. 5º, no seu inciso II.

Por seu turno, cumpre reforçar que, por se tratar o assédio uma prática violadora da liberdade, da igualdade, da privacidade e intimidade, garante-se à pessoa a inviolabilidade de sua intimidade, de sua vida privada, da honra e imagem, assegurando-se o direito a indenização pelos danos material e moral decorrentes da violação, como previsto no mesmo art. 5º, em seus incisos V e X.

Especificamente no que se refere às relações de trabalho, destaca-se o art. 7º da Constituição Federal, em especial, o contido no seu inciso XXII, que assegura a trabalhadores urbanos e rurais, a redução dos riscos inerentes ao trabalho, por meio de normas de saúde, higiene e segurança, onde, sem dúvidas, se enquadra o meio ambiente de trabalho. E, por oportuno, cabe ressaltar que, se a empresa ou a categoria, por ser regida por norma coletiva negociada com a entidade sindical representativa dos empregados assumir o compromisso, seja em acordo ou convenção coletiva de trabalho, se não permitir, não tolerar, não praticar o assédio, seja moral ou sexual, estará ainda incorrendo em violação ao art. 7º, inciso XXVI, porque elevou-se ao patamar constitucional o reconhecimento do ajustado em convenção ou acordo coletivo de trabalho.

1.2. Por que o assédio sexual deve ser repelido?

A principal razão para que se combata essa prática tem amparo na necessidade de respeito à dignidade da pessoa humana e aos valores sociais do trabalho, inscritos como fundamentos da República Federativa do Brasil, insculpidos no art. 1º, incisos III e IV, da Constituição Federal de 1988[13]. E, dentre os direitos e garantias fundamentais, o Texto Constitucional, no *caput* do seu art. 5º, garante aos brasileiros e aos estrangeiros residentes no País, a inviolabilidade do direito à vida e à liberdade.

Ninguém será obrigado a fazer ou deixar de fazer alguma coisa senão em virtude de lei (art. 5º, inciso II, da CF/1988[14]). Então, é inaceitável que alguém, para alcançar progresso na empresa em que trabalha, tenha de ceder aos caprichos sexuais de seu (sua) superior hierárquico (a), em clara manifestação de abuso de poder.

É mandamento universal da ética profissional que o superior hierárquico, mesmo que tomado por eventual interesse sexual, ou mesmo paixão por um (a) subordinado (a), não confunda as relações, tampouco mescle este tipo de interesse com as suas funções e, tampouco, com a relação hierarquizada estabelecida na empresa.

---

(13) BRASIL. *CLT, CPC, Legislação Previdenciária e legislação complementar e Constituição Federal.* Obra coletiva de autoria da Editora Saraiva com a colaboração de Antônio Luiz de Toledo Pinto, Márcia Cristina Vaz dos Santos Windt e Lívia Céspedes. 6. ed. – São Paulo: Saraiva, 2011. p. 15.

(14) Art. 5º Todos são iguais perante a lei, sem distinção de qualquer natureza, garantindo-se aos brasileiros e aos estrangeiros residentes no País a inviolabilidade do direito à vida, à liberdade, à igualdade, à segurança e à propriedade, nos seguintes termos:

I – homens e mulheres são iguais em direitos e obrigações, nos termos desta Constituição;

II – ninguém será obrigado a fazer ou deixar de fazer alguma coisa senão em virtude de lei.

As consequências sob o aspecto penal constam do art. 216-A do Código Penal Brasileiro. Entretanto, a atitude tipificada não se restringe à esfera penal, pois causa constrangimento e dano físico e/ou psicológico à vítima, a quem, nesse caso, a CF/1988, em seu art. 5º, inciso X[15], assegura o direito a indenização pelo dano material ou moral decorrente da violação da sua intimidade, da honra e, até mesmo, da imagem.

Outras razões fortes para que práticas como assédio sejam banidas das relações de trabalho encontram-se, também, nas Convenções da Organização Internacional do Trabalho ratificadas pelo Brasil, como por exemplo, a Convenção n. 111[16], da Organização Internacional do Trabalho, relativa à discriminação em matéria de emprego e ocupação, foi adotada pela OIT, em 1958, e ratificada pelo Brasil em 26.11.1965, tendo sido promulgada pelo Decreto n. 62.150, de 19.1.1968.

Esta Convenção, além de esclarecer a compreensão do termo discriminação, em seu art. 1º é explícita ao enquadrar como discriminação toda e qualquer forma de distinção, exclusão ou preferência, que tenha como objetivo alterar ou destruir a igualdade de oportunidades ou de tratamento em matéria de emprego ou profissão.

Desse modo, mesmo que indiretamente, embasa a proibição da prática de assédio sexual e moral, pois, além de violarem os direitos humanos, também, criam desigualdades de tratamentos e oportunidades.

1.3. Exemplos de atuações das empresas com o objetivo de coibir a ocorrência assédio sexual

Vale a pena iniciar essa exposição com dois pensamentos que parecem contraditórios, porém, pode-se entender que se completam.

Triste se torna o momento em que uma sociedade tem de conviver com nefastos comportamentos, em que ocorrem verdadeiras inversões de valores, onde, como no pensamento de Démocrates a sociedade enxerga que *"Tudo está perdido, quando os maus servem de exemplo e os bons de mofa"*. É o primeiro pensamento!

Por isso, não basta o discurso, porque é essencial a prática associada, transmitindo com segurança os valores éticos, dando provas de que esses valores não estão apenas em quadros pendurados nas paredes da empresa ou sua página na Internet. Esse papel não pode deixar de ser bem exercido nos grupamentos sociais, sobretudo, nos ambientes empresariais.

Aprende-se muito com os erros, as falhas e com as atitudes e comportamentos que devem ser reprimidos porque inadequados ao sadio convívio social. Geralmente, no ambiente empresarial, essa aprendizagem ocorre após os desgastes provocados à imagem da empresa, ou mais ainda, às despesas geradas em elevadas indenizações pagas, em situações que poderiam ter sido evitadas, ou, pelo menos, mitigadas, caso tivessem adotado uma política de pessoas

---

(15) *Op. cit.*, Art. 5º (...) Inciso X – são invioláveis a intimidade, a vida privada, a honra e a imagem das pessoas, assegurado o direito a indenização pelo dano material ou moral decorrente de sua violação; (...).

(16) OIT – *Convenção n. 111*, relativa a discriminação em matéria de emprego e ocupação. Disponível em: <http://www.oit.org.br/node/472>. Acesso em: 7 jan. 2015.

cuidadosa, preocupada com o ser humano, seus empregados, colaboradores, usuários, bem como, na capacitação dos seus gestores.

A empresa tem a responsabilidade objetiva, portanto, a obrigação de bem escolher, capacitar e orientar seus gestores e empregados, bem como, fiscalizar as atividades, os comportamentos e, sobretudo, ao tomar conhecimento de algum desvio, tem de dar mostras que não acoberta, que não pratica nem tolera a prática, e de que adota todas as providências no sentido de apurar a verdade dos fatos e, se comprovado, aplicar as providências cabíveis.

Nesse ponto, merece ênfase o segundo pensamento, nesse caso, de Louis Bonald, apesar de considerado um adversário do Iluminismo, para quem "*Numa sociedade bem organizada os bons devem servir de modelo e os maus de exemplo*".

O mau deve ser a todo instante evitado e combatido, porém, se não foi possível, que, então sirva de exemplo, para não mais acontecer e, nesse caso, o bom deve ser visto como modelo, algo puro e único, como uma forma a moldar com perfeição.

Não raro encontram-se empresa e organizações sindicais elaborando cartilhas orientadoras, além da instituição de Ouvidorias Internas e Externas, como canais e ferramentas que possam atender as vítimas de práticas de assédios.

Apenas a título de ilustração, eis algumas formas de uma empresa de maneira clara abordar o assunto assédio sexual, demonstrando sua preocupação em lidar com esse tipo de problema.

Código de Ética da Empresa L'Oréal[17]

(...) Como empregador

Queremos fazer da L'ORÉAL um ótimo local para trabalhar. Sabemos que os nossos funcionários são o nosso maior bem. Têm direito a um ambiente de trabalho seguro e saudável: um ambiente em que o talento pessoal e o mérito sejam reconhecidos, em que a diversidade seja valorizada, a privacidade respeitada e em que o equilíbrio entre a vida profissional e pessoal seja levado em consideração. Acreditamos em oferecer aos nossos funcionários um ambiente estimulante, oportunidades profissionais empolgantes e uma oportunidade de fazer a diferença. Encorajamos uma atmosfera de abertura, coragem, generosidade e respeito, de forma a que todos os nossos funcionários se sintam livres para apresentar as suas questões, ideias e preocupações.

Como uma empresa cidadã responsável

Fazemos a nossa parte na criação de um mundo de beleza e justiça. Estamos cientes do nosso impacto no ambiente, incluindo na biodiversidade, e procuramos constantemente a sua redução: estamos determinados em evitar comprometer o amanhã por causa do hoje. Fazemos uma contribuição positiva para os países e comunidades nas quais estamos presentes e respeitamos as culturas e sensibilidades locais. Estamos empenhados no respeito dos direitos humanos. Queremos ajudar a acabar com a exploração infantil nos locais de trabalho e com o trabalho forçado. Queremos o fim dos testes em animais na nossa indústria e contribuímos para o desenvolvimento e aceitação de métodos alternativos. Procuramos ativamente e favorecemos parceiros de negócio que partilhem os nossos valores e os nossos compromissos éticos.

---

(17) Código de Ética da Empresa – L'Oreal – A Nossa Forma de Trabalhar. Disponível em: <www.loreal.com/~/media/Loreal/Files/pdf/en/ethics_book_brazilian.pdf.> Acesso em: 18 ago. 2017.

O Código de Ética da L'Oréal, enfatiza que opera em muitos países, inserida em várias culturas, leis e sistemas políticos, com espírito de comprometimento no cumprimento das leis vigentes, com respeito aos Direitos Humanos, aos costumes locais, ao meio ambiente, no combate à corrupção e à concorrência desleal.

Observa-se, com bastante oportunidade, a sua ênfase a que todos têm direito a um ambiente de trabalho saudável, protegido e seguro, inclusive, conclamando aos seus funcionários para que se empenhem na integração profissional daquelas pessoas que requerem atenção especial, como os jovens, idosos, pessoas de famílias desfavorecidas e portadores de necessidades especiais físicas.

É o respeito à diversidade! Esperando-se que não exista discriminação em relação a sexo, incapacidade, situação familiar, orientação sexual, idade, opiniões políticas e filosóficas, crenças religiosas, atividade sindical, origens raciais, sociais, culturais e nacionais.

No item que trata sobre Assédio e Comportamentos Agressivos a L'Oréal compromete-se pelo respeito à dignidade humana e abomina qualquer forma de assédio ou comportamentos agressivos, expressando que espera de todos os integrantes da Empresa que:

1. Não se pratique qualquer forma de assédio sexual;

2. Cesse imediatamente qualquer comportamento que se saiba ser indesejado;

3. Apoie e promova o empenho da L'Oréal num local de trabalho livre de qualquer assédio sexual.

De forma didática a Empresa utiliza-se da técnica de perguntas e respostas, com o objetivo de transmitir orientações. Eis o que consta no tópico em que aborda especificamente sobre o Assédio Sexual:

P: O que quer a L'Oréal dizer exatamente como "assédio sexual"? Trata-se da mesma definição presente na legislação do meu país ou é diferente?

R: A primeira regra reside no fato da L'Oréal respeitar a legislação local e, por conseguinte, qualquer empregado que viole as leis contra o assédio sexual no seu país pode ser sancionado. Contudo, podem existir países onde a L'Oréal considere que a lei anti-assédio sexual não proíbe determinados comportamentos que a Empresa encara como inaceitáveis. Dadas as circunstâncias, determinados comportamentos podem, devido à sua gravidade ou frequência, ser considerados inapropriados, tais como:

— Contato físico indesejável, olhares e outros gestos, comentários, convites ou pedidos;

— Distribuição ou ostentação de material ofensivo, incluindo imagens ou desenhos impróprios.

P: Uma colega minha trabalha com vários homens que fazem regularmente comentários de caráter sexual sobre as mulheres. Os comentários são frequentemente grosseiros, mal-educados e depreciativos. Ela acha que eles não percebem o que fazem, mas considera o comportamento desagradável e humilhante. Contudo, ela tem receio de dizer o que pensa, pois não quer transmitir uma ideia de pessoa puritana ou atrair o mesmo tipo de comentários sobre a sua pessoa. O que devo fazer em relação ao assunto?

R: Você deve incentivar a sua colega a falar diretamente com os homens se ela se sentir à vontade para fazê-lo. Ela também pode levantar a questão junto com seu Gestor imediato ou do Gestor de RH. Se a sua colega não tomar medidas, então, deverá transmitir o que ela lhe contou, mesmo não estando de posse de todos os fatos ou não tendo presenciado o assédio. É essencial cessar o comportamento ofensivo antes que este se torne grave.

Atenção: Se encontrar-se perante um problema que envolve assédio sexual, não o guarde para si. Obterá ajuda e apoio ao discutir o assunto com a sua gestão ou com o seu Gestor de Recursos Humanos (consultar também o capítulo sobre "Conversa Aberta").

Apenas uma síntese do compromisso da Empresa em seu Código de Ética, inclusive, em orientação ao público-alvo, sobretudo, os seus gestores ante o objetivo de manter o ambiente de trabalho sempre saudável.

Código de Ética e Conduta da FIEP/SESI/SENAI/IEL[18]

O Sistema da Federação das Indústrias do Estado do Paraná, na mensagem do seu Presidente, em apresentação ao Código de Ética e Conduta, destaca a necessária cultura do *compliance*, com a implementação de ferramentas e procedimentos viabilizadores da transparência de suas atividades. E, nesse contexto, enfatiza como fundamental os valores pautados da ética, pelo diálogo, respeito e transparência, imprescindíveis como base da conduta de qualquer pessoa ou organização, em todas as esferas da sociedade.

No item 2.4 do Código expressa a valorização em práticas de gestão da diversidade, não aceitando práticas que impliquem em desrespeito, assédios e discriminações por motivos como classe social, gênero, raça, etnia, idade, deficiência, condição física, estado de saúde, orientação sexual, religião, opinião política, filiação sindical, cultura, nacionalidade, estado civil, aparência/estética, formação educacional, crenças, valores, estilos de vida, experiências, histórias de vida, perspectivas, conhecimentos, atitudes e habilidades, dentre outras, como bem destaca, como características que tornam cada indivíduo singular.

Em seu Capítulo 3, titulado como Ambiente de Trabalho Saudável, abre-se o tópico 3.1 para o respeito, prevenção ao assédio e ao abuso de poder. Além tratar das espécies de assédios moral e religioso, especificamente, no que interessa diretamente ao escopo desse trabalho, decida a alínea "c", ao Assédio Sexual, onde conceitua e, de forma exemplificativa, demonstra o que é proibido, o que está tipificado na legislação, porém, sem descuidar de coibir os comportamentos que, embora não estejam na configuração legal, são caracterizados como de desrespeito grave, constrangimento ilegal.

Observa-se, assim, a preocupação não apenas em coibir a prática tipificada do assédio sexual, mas outras condutas consideradas inadequadas e que possam caracterizar outros delitos, ou mesmo desrespeito grave e/ou constrangimento ilegal em qualquer relacionamento profissional no âmbito da empresa, sejam clientes, colaboradores, fornecedores,

---

(18) CÓDIGO DE ÉTICA E CONDUTA. FEDERAÇÃO DAS INDÚSTRIAS DO ESTADO DO PARANÁ. Sistema FIEP/SESI/SENAI/IEL. Disponível em: <http://www.sistemafiep.org.br/codigo-de-etica-e-conduta/uploadAddress/Fiep_condigo_etica_conduta%5B74612%5D.pdf>. Acesso em: 18 ago. 2017.

gestores, independentes da existência de relação hierárquica. Eis o que consta na referida alínea *"c"* no item 3.1 do Capítulo 3 sob comento:

"C. Assédio sexual

Situações de assédio sexual ocorrem por atos, insinuações, contatos físicos forçados e convites impertinentes com o intuito de obter vantagem ou favorecimento sexual, prevalecendo-se o agente de sua condição de superior hierárquico ou ascendência inerentes ao exercício do emprego, cargo ou função. Para que seja identificada a prática do assédio sexual, não há necessidade de contato físico entre os envolvidos.

Ainda que a situação não configure legalmente a hipótese de assédio sexual, a conduta inadequada pode caracterizar desrespeito grave, constrangimento ilegal e, até mesmo, crime de estupro. Por isso, o relacionamento deve ser respeitoso em qualquer tipo de relação profissional, seja de clientes, fornecedores, colaboradores, gestores, professores, entre outros, independentemente da relação hierárquica."

De forma didática, procura-se no Código de Ética atender a alguns questionamentos a respeito de comportamentos. Eis o conteúdo:

Exemplos de situações que podem estar presentes em casos de assédio sexual:

> "Cantadas" ou insinuações constantes, de cunho sexual ou sensual, sem que a vítima as deseje;

> Carícias e abordagem maliciosa de conotação sexual;

> Intimidação, represálias, ameaça de demissão, recusa de promoção ou outras injustiças associadas à negação de convite de natureza sexual;

> Comentários e piadas de natureza sexual.

DÚVIDAS FREQUENTES:

Então não é permitido convidar outro colaborador (a) para sair?

Nada impede que colaboradores se relacionem em suas vidas privadas. Mas devemos lembrar que um convite íntimo tem duas possibilidades de resposta: sim ou não. Se você receber um "não", insistir e passar a constranger a (o) colega pode ser considerada assédio sexual.

Só existe assédio sexual de homens contra mulheres?

Não. Pode haver assédio praticado por homens contra mulheres, mulheres contra homens, homens contra homens e mulheres contra mulheres. Contudo, de acordo com estatísticas sobre o tema, na grande maioria dos casos, o autor do crime é um homem e a vítima é uma mulher. Desta forma, o assédio sexual é uma forma de violência de gênero que prejudica gravemente a saúde mental, o desenvolvimento profissional e a vida de mulheres, principalmente.

Não. A única ressalva que se pode fazer é que no exemplo em que informa poder estar presente o assédio sexual, deixou de informar que, segundo a tipificação contida no art. 216-A do Código Penal Brasileiro, resta previsto que o agente se prevaleça de sua condição de superioridade hierárquica ou ascendência inerentes ao exercício do emprego, caro ou função, para obter vantagem ou favorecimento sexual da vítima.

Código de Ética e Conduta da Vale S.A.[19]

De forma sucinta e objetiva, o Código de Ética e Conduta da Vale relaciona entre as condutas que rotula como intoleráveis e sujeitas a medidas disciplinares, prevê a discriminação em função da etnia, origem, gênero, orientação sexual, crença religiosa, condição de sindicalização, convicção política, ideológica, classe social, condição de portador de deficiência, estado civil ou idade. E, especificamente, em relação ao tema sob comento, prevê no item 2.3 do referido Código, como intolerável, "assédio de qualquer natureza, inclusive moral ou sexual, provocando o constrangimento alheio".

Em suas disposições gerais, com claro compromisso de fazer valer e ser respeitado o Código, a empresa dispõe que as situações que caracterizem violações ao contido no Diploma de Conduta, deverão ser, imediatamente, comunicados à Ouvidoria, inclusive, enfatizando o acesso fácil na intranet global da Empresa, com garantia de serem resguardados os direitos do denunciante e do denunciado, sempre em conformidade com a legislação local.

Importante destacar que no Código consta, ainda, em comprovação de comprometimento, todas as pessoas físicas consideradas no público-alvo, como membros do Conselho de Administração e seus comitês de assessoramento, membros do Conselho Fiscal, diretor--presidente e demais diretores-executivos, empregados, estagiários, contratados e qualquer pessoas agindo em nome da VALE e suas sociedades controladas. Deverão firmar o Termo de Recebimento e Compromisso, na forma do modelo anexo ao próprio Código, que após assinatura, será mantido em arquivo nos assentamentos.

Código de Ética da Dudalina S./A.[20]

Importante na sua introdução quando destaca dentre seus objetivos a redução da subjetividade das interpretações pessoais sobre princípios morais e éticos, de forma a ter presente a incorporação de comportamento ético por todos pautado em valores, com a instituição de um Padrão Ético de Conduta, servindo de orientações aos processos decisórios dos seus dirigentes e nas atitudes dos seus colaboradores.

Entende a Empresa dentre os fundamentos norteadores desse código de conduta, que as atitudes de cada um dos seus colaboradores não coloquem em risco a sua segurança, não apenas sob o aspecto patrimonial e financeira, mas, sobretudo, a imagem corporativa e institucional. E, por isso, todos os colabores ao receberem o Código de Ética, firmam, formalmente, o Termo de Compromisso que será arquivado no seu prontuário.

---

(19) Código de Ética e Conduta da Vale S.A. Disponível em: <http://www.vale.com/pt/aboutvale/ethics-and-conduct-office/code-of-ethics/documents/codigo-conduta-etica/vale_0238_cod_conduta_digi_final_ls.pdf>. Acesso em: 18 ago. 2017.

(20) Código de Ética da Dudalina S.A. Disponível em: <http://sa.dudalina.com.br/wp-content/uploads/2014/04/codigo_de_etica.pdf>. Acesso em: 7 set. 2017.

Em relação ao tema sob comento, dentre os princípios éticos defendidos pela Empresa, importa transcrever o seu compromisso formal de que

(...) Não admite qualquer atitude guiada por preconceitos relacionados à raça, naturalidade, religião, ideologia política, sexo, deficiência de qualquer natureza, entre outros, nas contratações e promoções de seus colaboradores, os quais devem preencher os requisitos técnicos e o perfil para o cargo, mantendo um ambiente de trabalho que respeite a dignidade de todos, oportunizando crescimento profissional isento de qualquer tipo de discriminação. Para a boa conduta profissional, não será aceito qualquer ato relacionado a assédio sexual e constrangimento moral entre colegas, mesmo sem vinculação hierárquica.

Apesar de forma muito sucinta, mas direta, não admite a prática do assédio sexual, indo além desse comportamento, no sentido de coibir independente da tipificação penal, porque a Empresa não tolerará a prática mesmo que não haja vinculação hierárquica. E essa preocupação da Empresa está reforçada no capítulo Diretrizes de Relacionamento, mais especificamente no que diz respeito aos funcionários e colaboradores, oportunidade em que ainda o seu compromisso de combate às discriminações e expressa firmeza no respeito à diversidade.

(...) 4.1.2. Não poderá haver qualquer preconceito de gênero, credo, naturalidade, raça, cor da pele, orientação sexual, opinião política, idade, status de HIV, condição física, psíquica e mental, nem qualquer outra forma de discriminação.

4.1.3. Condutas abusivas que induzam a um ambiente de intimidação e constrangimento, como abordagens sexuais, ações, insinuações ou atitudes que atinjam a dignidade ou a integridade psíquica ou física das pessoas não serão toleradas.

Todos devem as diretrizes éticas, agindo sempre sem preconceitos ou discriminações, sempre com atitude de respeito e colaboração com os colegas.

Código de Conduta dos empregados e dirigentes da Caixa Econômica Federal[21]

A Caixa Econômica Federal em seu Código destaca que o exercício profissional de seus empregados se equipara à função pública, razão porque enfatiza que, todos estão sujeitos não apenas às disposições contidas no próprio Código de Ética da Empresa, mas, também, ao disposto no Código de Ética Profissional do Servidor Público Civil do Poder Executivo Federal e, sempre que for o caso, no Código de Conduta da Alta Administração Federal.

Valoriza que no exercício das atribuições profissionais, são norteadores, a dignidade, o decoro, o zelo, a eficácia e a consciência dos princípios morais

O Código é rico em detalhes, porém, no que diz respeito à questão do assédio, a referência dá-se de forma mais ampla, sem o tratamento específico às questões relacionadas ao assédio sexual e outras condutas inadequadas de conotação sexual, no item OUTRAS

---

(21) Código de Conduta dos empregados e dirigentes da Caixa. Caixa Econômica Federal. Disponível em: <http://www.caixa.gov.br/Downloads/caixa-codigo-conduta-empregados-caixa/Codigo_Conduta_Empregados.pdf>. Acesso em: 7 set. 2017.

CONDUTAS, como dever de todo empregado e dirigente, tanto no sentido de evitar comportamentos que prejudiquem o ambiente de trabalho, como na obrigação de utilização dos canais disponibilizados pela Empresa, para denunciar quaisquer atos que contrariem o interesse público, ao Condigo de Conduta e ao Código de Ética.

(...)

Denunciar, por meio dos canais disponibilizados pela CAIXA, quaisquer atos contrários ao interesse público, a esse código e ao código de ética da CAIXA, comportamentos que revelem indícios de corrupção e situações irregulares que favoreçam conflito de interesses, praticados por superiores hierárquicos, colegas, contratados ou prestadores de serviços.

Para esses casos serão garantidos o sigilo e confidencialidade das informações prestadas.

É vedado ao empregado e dirigente:

Adotar práticas que contribuam para a corrupção e lavagem de dinheiro;

Oferecer ou receber suborno, inclusive em relacionamentos internacionais, mesmo que a prática não seja vedada no país onde se desenvolve o relacionamento comercial;

Praticar qualquer tipo de assédio, mediante conduta verbal ou física de humilhação, coação ou ameaça;

(...)

No seu Código de Ética[22] a Caixa Econômica expõe a sua missão e valores como: respeito, honestidade, compromisso, transparência e responsabilidade. Nesse ponto, exige-se dos empregados, colaboradores, parceiros e dirigentes, o tratamento das pessoas com dignidade, igualdade, ética, justiça, com absoluto respeito pelo ser humano, pela sociedade, pelo bem público e meio ambiente.

Ponto importante no referido Código de Ética está no repúdio a todas as atitudes preconceituosas relacionadas à origem das pessoas, à raça, gênero, cor, idade, religião, credo, classe social, incapacidade física e quaisquer outras formas de discriminação.

Código de Ética do Sistema Petrobras[23]

O Código de Ética do Sistema Petrobras, aprovado pela Diretoria Executiva da Petrobras em 9.11.2006 e pelo Conselho de Administração em 29.11.2006, é introduzido pelo reconhecimento e respeito ao compromisso de associação entre a teoria e a prática a nortearem as suas ações, com respeito à vida e a todos os seres humanos na sua integridade, compromisso com a verdade, equidade, responsabilidade, zelo, legalidade, entre outros tantos importantes valores.

Seu compromisso com os princípios éticos, considerados fundamentais, norteiam no que diretamente interessa a essa pesquisa, os cuidados com a qualidade de vida, a saúde, o meio ambiente e a segurança em todo o Sistema Petrobras, manifestando-se no respeito às

(22) Código de Ética. Caixa Econômica Federal. Disponível em: <http://www.caixa.gov.br/Downloads/caixa-etica/CODIGO_ETICA_CAIXA.pdf>. Acesso em: 7 set. 2017.

(23) Código de Ética do Sistema Petrobras. Disponível em: <http://www.petrobras.com.br/pt/quem-somos/perfil/transparencia-e-etica/>. Acesso em: 7 set. 2017.

diferenças e diversidades de condição étnica, religiosa, social, cultural, linguística, política, estética, etária, física, mental e psíquica, de gênero, de orientação sexual e outras. Tudo isso tendo presente a necessidade de relações de trabalho justas, numa ambiência saudável, com confiança mútua e solidariedade.

No Código dividido em capítulos, constam os compromissos do Sistema Petrobras nas relações com seus empregados, bem como, os compromissos desses, da mesma forma, no que diz respeito às relações com fornecedores, prestadores de serviços, estagiários, clientes e consumidores.

No que se refere ao objeto desse trabalho, de forma geral a Empresa assume o respeito e a promoção da diversidade e o combate a todas as formas de preconceito e discriminação, especialmente, no item 2.8 do Capítulo 2 – Compromissos de Conduta do Sistema Petrobras, "Nas Relações com seus Empregados":

> "(...) 2.8 Respeitar e promover a diversidade e combater todas as formas de preconceito e discriminação, por meio de política transparente de admissão, treinamento, promoção na carreira, ascensão a cargos e demissão. Nenhum empregado ou potencial empregado receberá tratamento discriminatório em consequência de sua raça, cor de pele, origem étnica, nacionalidade, posição social, idade, religião, gênero, orientação sexual, estética pessoal, condição física, mental ou psíquica, estado civil, opinião, convicção política, ou qualquer outro fator de diferenciação individual (...)."

A referência onde condena a prática de qualquer tipo de assédio, fazendo alusão ao assédio sexual, não consta no Capítulo acima, fazendo constar apenas no Capítulo 3, item 3.9, onde constam os compromissos dos Empregados, nas relações com o Sistema Petrobras. Eis a transcrição:

> (...) "3.9 não praticar nem se submeter a atos de preconceito, discriminação, ameaça, chantagem, falso testemunho, assédio moral, assédio sexual ou qualquer outro ato contrário aos princípios e compromissos deste Código de Ética, e denunciar imediatamente os transgressores;" (...)

Nas Disposições Complementares, no inciso V, consta a referência a um dos canais como responsável pelo processamento de denúncias de transgressões éticas, que são as Ouvidorias, preservando o anonimato para evitar retaliações, porém, com o compromisso de dar-lhes conhecimento acerca das medidas adotadas.

Código de Conduta Ética da Organização Bradesco[24]

O Código de Conduta Ética da Organização Bradesco, aprovado pelo Conselho de Administração em 30.6.2003, com revisão recente em 12.42017, expõe a sua missão, visão e valores, enfatizando o respeito à dignidade e à diversidade do ser humano, além do seu compromisso com a responsabilidade socioambiental e, sobretudo, o guia para o cumprimento de sua visão e missão, pautados na ética em todas as suas atividades e relacionamentos.

O documento é apresentado como um guia prático de conduta pessoal e profissional, tendo como objetivo básico, a promoção da adoção de elevados padrões de integridade

---

(24) Código de Conduta Ética da Organização Bradesco. Disponível em: <https://www.bradescori.com.br/site/conteudo/interna/default3.aspx?secaoId=867>. Acesso em: 7 set. 2017.

no fortalecimento da cultura ética da Organização, de forma a elevar o nível de confiança, respeito e solidariedade em todas as relações internas e externas.

Um ponto observado e que merece destaque encontra-se no Capítulo 3, quando esclarece a abrangência do Código de Ética, ou seja, a quem se destina. Nesse ponto, expressamente fortalece a utilização do pronome **NÓS**, porque destinado a todos os administradores, funcionários, com aplicação extensiva aos colaboradores que estiverem prestando serviços em nome de uma das empresas da Organização ou para a Organização.

O Código no Capítulo 4 enumera descrevendo os seus compromissos, enfatizando o que se deve e o que não se deve fazer. São os Princípios da Integridade, da Transparência, da Valorização das Pessoas, da Responsabilidade Socioambiental, do Compromisso da Organização, do Compromisso com a Organização, do Relacionamento Construtivo e da Liderança Responsável, registrando em Nota, a sua adesão voluntária a acordos internacionais como: Princípio do Equador; Pacto Global, ODS – Objetivos de Desenvolvimento Sustentável; United Nations Environment Programme Finance Initiative — UNEP FI, dentre outros.

No que mais diretamente diz respeito ao objetivo desse trabalho de pesquisa, destaca-se o contido no Capítulo 4, item 4.3 – Princípio da Valorização das Pessoas, onde a Organização compromete-se a cuidar do indivíduo e das relações humanas com equidade, respeito e transparência, o que contribui para o desenvolvimento das pessoas e para os resultados da Organização. Eis, nesse ponto alguns itens que expressa o compromisso de todos, na primeira pessoa do plural:

"a) Devemos:

i. respeitar a dignidade e a diversidade, preservando a individualidade e o direito à divergência de opiniões e liberdade de expressão;

ii. garantir igualdade de oportunidades nos processos de recrutamento, seleção, contratação, promoção, carreira, treinamento e desenvolvimento e outros relativos ao público interno;

iii. reconhecer as pessoas pelo seu desempenho, conhecimento e competências – técnicas e comportamentais;

(...)

vii. repudiar e denunciar qualquer exploração das pessoas pelas formas distorcidas de trabalho, tais como o compulsório, forçado, escravo ou infantil ou por sua exploração sexual;

(...)

b) Não devemos:

i. admitir assédio moral e/ou sexual, no ambiente de trabalho e em todas as relações com o público interno e externo;

ii. admitir a prática de quaisquer atos discriminatórios relacionados a origem, condição social, posição hierárquica, grau de escolaridade, religião, crença ou filosofia de vida, deficiência, cor, raça, sexo, estado civil, situação familiar, ideologia política ou associação com entidades de classe; e

iii. usar ou permitir o uso das funções exercidas para obtenção de vantagem direta ou indireta para si ou para terceiros"(...)

Em sua parte final, esclarece a respeito dos procedimentos que devem ser adotados em casos de dúvidas e dilemas éticos, destacando os canais internos de comunicações, onde, inclusive, devem ocorrer as denúncias anônimas ou não, assegurando a proibição de retaliações ao denunciante de boa-fé.

Código de Ética e Normas de Conduta do Banco do Brasil[25]

O Código de Ética e Normas de Conduta do Banco do Brasil apresenta-se como instrumento de realização dos princípios, valores, visão e missão da Empresa, de forma abrangente, em relação ao seu público de relacionamento, como clientes, funcionários e colaboradores, fornecedores, acionistas, investidores e credores, parceiros, concorrentes, governo, comunidade e órgãos reguladores.

Assim, o Código em referência, como enfatizado, traduz os valores que devem ser observados por todos os escalões da empresa nos seus relacionamentos, com os mais variados segmentos da sociedade, tanto no Brasil como no exterior.

A exemplo do que foi observado no Código de Conduta Ética da Organização Bradesco, embora sem fazer diretamente alusão ao pronome NÓS, constata-se desde a sua apresentação, a referência ao dever de todos, com a utilização dos verbos na primeira pessoa do plural, quando expressa que "é dever de todos nós agirmos de acordo com as diretrizes deste Código e disseminarmos os preceitos aqui contidos, para mantermos um ambiente de trabalho íntegro, confiável e socialmente responsável".

No que se refere ao tema da pesquisa, no seu Código de Ética, no que toca a alta administração, funcionários e colaboradores, expressamente:

"**3.2.1.** Zelamos pelo estabelecimento de um ambiente de trabalho digno e saudável, pautando as relações entre superiores hierárquicos, subordinados, pares e colaboradores pelo respeito e pela cordialidade.

3.2.2. Repudiamos condutas que possam caracterizar **assédio de qualquer natureza**. (...)

3.2.6. Reconhecemos, aceitamos e respeitamos a diversidade do conjunto de pessoas que mantém relacionamento com o Banco.

3.2.7. Estimulamos a disseminação interna do Código de Ética, das Normas de Conduta e das Políticas Gerais, que regulam os aspectos comportamentais da organização.

3.2.8. Repudiamos práticas ilícitas, como suborno, extorsão, corrupção, propina, lavagem de dinheiro, financiamento do terrorismo, em todas as suas formas.

3.2.9. Valorizamos o diálogo, mantendo canais aptos a recepcionar e processar dúvidas, denúncias, reclamações e sugestões, bem como garantimos o anonimato (...). (grifo nosso)

Ainda quanto ao tema, nas Normas de Condutas, integrante do conjunto do Código de Ética, assim se expressa a Empresa no item destinado ao Relacionamento Interno:

(...) 4.5.4. Abster-se de conduta que possa caracterizar:

4.5.4.1. preconceito e discriminação;

---

(25) Código de Ética e Normas de Conduta do Banco do Brasil S./A. Disponível em: <http://www.bb.com.br/docs/pub/siteEsp/ri/pt/dce/dwn/Codigoetica.pdf>. Acesso em: 7 set. 2017.

4.5.4.2. indução, coação, constrangimento;

4.5.4.3. desrespeito às atribuições funcionais de outrem;

4.5.4.4. assédio de qualquer natureza;

4.5.4.5. desqualificação pública, ofensa ou ameaça.

4.5.5. Respeitar a diversidade do grupo de pessoas que formam o ambiente de trabalho (...)

Finalmente, estabelece como essencial a prática do diálogo e, nos casos de dúvidas, o que é natural no cotidiano do trabalho, a Presidência da Empresa e a Presidência do Conselho de Administração assegura que "cultivamos, promovemos e disseminamos os mais elevados padrões de ética e *compliance*, bem como mantermos canal estruturado para receber reclamação ou denúncia sobre desvio de conduta porventura observado, além de garantirmos o sigilo na condução das denúncias".

Para a efetividade desse compromisso, a Empresa disponibiliza uma bem estruturada gestão, com a criação dos Comitês Estaduais de Ética e Comitê Executivo de Ética e Disciplina.

Aos Comitês de Ética nos Estados compete o fornecimento de subsídios para eventual Avaliação de Ética, auxiliar na identificação de eventual padrão de desvio de conduta ética na jurisdição, isto é, qualquer conduta atitude, conduta, postura ou prática infringente da legislação vigente, os costumes, as Políticas da Empresa, o Código de Governança Corporativa, o Código de Ética, Normas de Conduta e demais regulamentos internos, bem como, embasar as ações de disseminação da ética. Atua nos casos recebidos por intermédio dos Canais disponibilizados aos funcionários e colaboradores, que geram ocorrências de Ouvidoria.

Do Comitê Estadual de Ética participam os funcionários por meio de eleição interna para a escolha de um representante para um período de 3 (três) anos, sendo permitida a reeleição para um único período subsequente. Esse representante goza de garantia de estabilidade provisória, a partir de sua posse, até 01 (um) ano após o final do seu mandato, salvo se cometer falta enquadrada como justa causa decorrente de ação disciplinar.

Além do Comitê Estadual, ainda se encontram constituídos de forma institucional os Comitês Regional Disciplinar e Executivo de Ética e Disciplina, com finalidade de decidir sobre conflitos éticos de caráter institucional, aplicar medidas de orientações e sanções e encaminhamento de processos para análise sob a ótica disciplinar. Tem, ainda, a importante finalidade de elaborar recomendações de conduta ética institucional a serem encaminhadas às Unidades Organizacionais da Empresa, como, também, decidir sobre ações disciplinares e analisar e julgar pedidos de revisões de sanções disciplinares.

O Banco do Brasil mantém a Ouvidoria Interna, que é o canal direto de comunicação dos funcionários da empresa, destacando-se, ainda, que no contexto da responsabilidade socioambiental empresarial, dispõe do Programa Qualidade de Vida no Trabalho, tendo como objetivo a promoção de estilo de vida saudável como ação institucional.

Quanto ao comportamento organizacional, existe preocupação constante e política para manutenção de clima e comprometimento por um meio ambiente de trabalho sadio.

Um dos mecanismos de avaliação do ambiente de trabalho é a Pesquisa de Clima Organizacional.

O Banco integra o Fórum Nacional de Gestão Ética nas Empresas Estatais, composto por empresas como: Banco do Brasil S./A.; Banco do Nordeste do Brasil S./A; Banco Nacional de Desenvolvimento Econômico e Social; Caixa Econômica Federal; Centrais Elétricas Brasileiras — Eletrobras; Companhia Hidroelétrica do São Francisco — CHESF; Eletrobras Termonuclear; Empresa Brasileira de Correios e Telégrafos; Empresa Brasileira de Infra-Estrutura Aeroportuária; Furnas Centrais Elétricas; Indústrias Nucleares do Brasil S./A.; Petróleo Brasileiro S./A. – Petrobras; Petrobras Distribuidora S./A.

O Banco do Brasil pauta-se, também, dentre outros, pelos seguintes compromissos públicos:

a) Agenda 21 – declaração de compromisso entre o Banco do Brasil e o Ministério do Meio Ambiente na qual o Banco se compromete a criar e a implementar um plano de ação em prol da sustentabilidade dos seus negócios;

b) Pacto Global da ONU – iniciativa desenvolvida pela Organização das Nações Unidas (ONU), com o objetivo de mobilizar a comunidade empresarial internacional para a promoção de valores fundamentais nas áreas de direitos humanos, trabalho, meio ambiente e combate à corrupção;

c) Pacto pelo Combate ao Trabalho Escravo – proposto pelo Instituto Ethos, trata-se de compromisso com o desenvolvimento de esforços visando a dignificar e modernizar as relações de trabalho nas cadeias produtivas.

d) Princípios do Equador – compromisso voluntário de instituições financeiras em adotar o conjunto de políticas e diretrizes (salvaguardas) socioambientais do Banco Mundial e da International Finance Corporation na análise de projetos de investimento, na modalidade *project finance*, de valor igual ou superior a US$ 10 milhões;

e) Protocolo Verde – princípios assumidos voluntariamente por bancos oficiais brasileiros, que se propõem a empreender políticas e práticas que estejam em harmonia com o desenvolvimento sustentável.

1.4. Da apuração e responsabilização

É muito comum as pessoas falarem que a empresa está apurando um caso de assédio sexual. E, não raro, que a Justiça do Trabalho condenou a empresa por assédio sexual. Entretanto, com o devido respeito, porém, com a necessidade de esclarecer, cabe registrar que são 2 equívocos: primeiro, a empresa não tem competência para apurar e julgar se é ou não caso de assédio sexual, eis que a competência, por se tratar de uma prática delituosa, está restrita ao Juiz Criminal. À empresa cabe a apuração sob o enfoque comportamental, disciplinar, como incontinência de conduta; segundo, porque a Justiça do Trabalho não está legitimada para a apreciação e julgamento de ilícitos penais e consequente aplicação de penalidade prevista no Código Penal. À Justiça do Trabalho permite-se, diante dos elementos contidos nos autos do processo, julgar a questão sob o aspecto da responsabilização e indenização.

A empresa pode instaurar sua apuração sob o aspecto disciplinar, diante de indícios de desvio de comportamento e descumprimento de norma disciplinar. E a empresa pode responder, em Juízo, pela indenização decorrente do constrangimento, considerando a sua responsabilidade objetiva, fundada na teoria do risco, de que o empregador responde pelos danos causados pelos seus empregados, sem perquirir sua culpa, conforme se depreende dos arts. 932, III e 933 do Código Civil[26] e da Súmula n. 341 do Supremo Tribunal Federal[27], tudo com apoio no art. 225, § 3º, da Constituição Federal[28], porque à empresa cabe zelar por um meio ambiente do trabalho sadio.

A bem do salutar debate, merece destaque que se trata de delito cuja apreciação judicial depende da vontade da pessoa ofendida, ou seja, conforme previsto no art. 225 do Código Penal[29], no âmbito da ação penal privada que se inicia mediante queixa, nos crimes definidos no Título VI do Código Penal — Dos crimes contra os costumes — dentre eles, o atentado ao pudor, a posse sexual mediante fraude e o assédio sexual.

Desse modo, o empregador não está legitimado. Isso se justifica em atenção ao próprio princípio do respeito à dignidade da pessoa humana e, nesse sentido, o legislador procurou não tornar público evento da espécie — que seria mediante ação penal pública — como forma de preservar a intimidade da vítima. Somente esta pode dispor e decidir se quer levar ao conhecimento do Estado-Juiz.

Assim, mesmo tendo convicção, possivelmente, após a apuração interna, não pode o empregador ajuizar — a título de preservação de seus interesses e evitar condenação em eventual ação indenizatória — ação de assédio contra o seu empregado, apontado como assediador, porque não está legitimado, nem mesmo para denunciar às autoridades. A titularidade desse direito de ação é da vítima.

No âmbito interno da empresa, ou seja, na esfera administrativa, não é regular ao empregador promover a sua apuração como assédio sexual, em especial, se a vítima não tomou a iniciativa da ação penal, como previsto no art. 225 do Código Penal.

E como se resolve? O empregador fica impedido de apurar? Não! Entretanto, deve fazê-lo como procedimento apuratório de ato de indisciplina, que pode resultar em transferências de setores, advertência ou outras penalidades previstas no Código de Ética e Disciplina da empresa, até o despedimento por justa causa. Por isso, há de se ressaltar, ainda, que ao apurar como assédio sexual e aplicar uma sanção, por exemplo, despedimento por justa causa, a empresa corre o risco de estar cometendo uma injustiça e, caso tenha sido ajuizada

---

(26) *Vade Mecum*, obra coletiva de autoria da Editora Saraiva com a colaboração de Luiz Roberto Curia, Lívia Céspedes e Juliana Nicoletti. 14. ed. atual. e ampl. São Paulo: Saraiva, 2012. p. 203.

(27) BRASIL. *CLT, CPC, Legislação Previdenciária e legislação complementar e Constituição Federal*. Obra coletiva de autoria da Editora Saraiva com a colaboração de Antônio Luiz de Toledo Pinto, Márcia Cristina Vaz dos Santos Windt e Lívia Céspedes. 6. ed. São Paulo: Saraiva, 2011. p. 1.197.

Súmula n. 341/STF: "É presumida a culpa do patrão ou comitente pelo ato culposo do empregado ou preposto".

(28) *Op. cit.*, art. 225 – (...).

(29) Art. 225. Nos crimes definidos nos capítulos anteriores, somente se procede mediante queixa.

ação penal, na hipótese de ser afastada pelo Judiciário a ocorrência de assédio sexual, com a inocência do suposto autor, a empresa ainda pode ser alvo de ação indenizatória por danos morais.

Apesar da extensão à competência da Justiça do Trabalho objeto da Emenda Constitucional n. 45/2004, que alterou a redação do art. 114, da CF/1988, inclusive, para outras controvérsias decorrentes da relação de trabalho, com o devido respeito às opiniões divergentes, mas diante de uma reclamação trabalhista sob a alegação de ocorrência de assédio sexual, deve o juiz do trabalho limitar-se, tão somente, à questão da responsabilidade objetiva da empresa e a indenização suficiente para a reparação do dano. Não deve se imiscuir na questão como se fosse o Juízo penal, a quem compete reconhecer ou não a existência de crime e, caso positivo, aplicar-lhe a sanção legal.

O fato é que diante de uma suposta ocorrência, na esfera administrativa a empresa, o empregador não poderá ficar inerte e omitir-se na sua apuração sob o aspecto disciplinar, sob pena de agravar o mal e ainda arcar com custos tangíveis e intangíveis, de indenização e dano à sua própria imagem, tendo presente que, uma vez confirmada a prática do assédio, independente de consequências na esfera penal, no âmbito trabalhista, pode ensejar a rescisão indireta do contrato de trabalho por iniciativa da vítima. E, por seu turno, ante a comprovação, estará sujeito o agente à rescisão do contrato de trabalho, inclusive, por justa causa, seja por incontinência de conduta ou mau procedimento, como previstos no art. 482, alínea *"b"*, como também, por ato de indisciplina, previsto na alínea *"h"*, caso a empresa tenha normatizado internamente sua intolerância com a prática do assédio.

Esse entendimento não é de agora por causa da edição da Lei n. 10.224, de 15 de maio de 2001, como se observa desses julgamentos em Acórdãos da 12ª Região (Santa Catarina), de 12 de novembro de 1985, sob a relatoria do Juiz Câmara Rufino, e da 3ª Turma do Tribunal Regional do Trabalho da 5ª Região (Bahia), sob a relatoria do Juiz Ronald de Souza Amorim, em 7 de julho de 1992, embora não perfeitamente enquadrados na tipificação atual do art. 216-A do Código Penal. Entretanto, demonstra que a ausência de tipificação, ainda, em 1985 e 1993, impediam a atuação da Justiça do Trabalho e o reconhecimento das práticas de incontinência de conduta e mau procedimento.

(...)

Justa causa. Mau procedimento. Constitui justa causa para a dissolução do contrato laboral a violação não consentida da privacidade de uma colega de trabalho"[30].

(...)

Constitui justa causa o assédio sexual entre colegas de trabalho quando um deles causa constrangimento, é repelido, descambando o outro para a vulgaridade e as ameaças, em típica má conduta[31].

A questão do assédio sexual é muito sensível e, por isso, requer muita atenção e cuidado, inclusive, do magistrado trabalhista, notadamente, se houver ação penal em tramitação.

---

(30) BRASIL. Tribunal Regional do Trabalho da 12ª Região. *Proc. RO 596/85*, julgado em 12 de novembro de 1985. Rel. Juiz Câmara Rufino. TEIXEIRA FILHO, João de Lima. *Repertório de jurisprudência trabalhista*, v. 5, p. 684.

(31) BRASIL. Tribunal Regional do Trabalho da 5ª Região. *Acórdão da 3ª Turma, proc. RO 009892722-50, Acórdão n. 4613/92*, de 7 de julho de 1992, relatoria do Juiz Ronald Souza. *Revista LTr*, São Paulo, mar. 1993, n. 57, p. 318.

Imagine-se que o juiz do trabalho condene a empresa a indenizar e, em seguida, o Juízo Criminal decide que o crime inexistiu. Hipótese em que estará configurada uma injustiça.

A prudência recomenda que o juiz do trabalho proceda a suspensão da tramitação da reclamação trabalhista e aguarde a decisão da ação penal, caso tenha sido ajuizada, como previsto no art. 265, IV, *"a"*, do Código de Processo Civil[32], e art. 64, *caput* e parágrafo único, do Código de Processo Penal[33].

Em consonância com os programas de inclusão social, inclusive, em atenção à política governamental, muitas empresas, especialmente, as grandes corporações têm empregado menores de 18 anos, a partir dos 14 anos, na condição de aprendiz, como previsto no art. 428 da CLT e art. 7º, inciso XXXIII, da CF/1988.

Por isso, as empresas devem ter extremo cuidado e redobrarem a atenção. No geral, são crianças carentes e podem se tornar alvos de pessoas inescrupulosas, que não terão reservas em usar da sedução do cargo e do abuso de poder, com o objetivo de dar vazão a sua perversão e saciar seus desejos sexuais.

Ocorre que se torna mais grave o problema quando o assédio é praticado contra pessoa maior de 14 (quatorze) e menor de 18 (dezoito) anos de idade, passível de enquadramento como corrupção de menores, como previsto no art. 218, do Código Penal. Ademais, presume-se violência, na forma do art. 224, do mesmo diploma legal, se a vítima:

Não é maior de 14 (quatorze) anos; é alienada ou débil mental, e o agente conhecia esta circunstância; não pode, por qualquer outra causa, oferecer resistência.

O menor tem proteção na base constitucional (art. 227, *caput*, e § 4º, da CF/1988)[34].

---

(32) Art. 265, IV, *"a"*, do CPC – Suspende-se o processo:

(...)

IV – quando a sentença de mérito:
a) depender do julgamento de outra causa, ou da declaração da existência ou inexistência da relação jurídica, que constitua o objeto principal de outro processo pendente;

(...)

(33) Art. 64, do CPP – Sem prejuízo do disposto no artigo anterior, a ação para ressarcimento do dano poderá ser proposta no juízo cível, contra o autor do crime e, se for o caso, contra o responsável civil.

Parágrafo único. Intentada a ação penal, o juiz da ação civil poderá suspender o curso desta, até o julgamento definitivo daquela.

(34) Art. 227, da CF/1988 – É dever da família, da sociedade e do Estado assegurar à criança, ao adolescente e ao jovem, com absoluta prioridade, o direito à vida, à saúde, à alimentação, à educação, ao lazer, à profissionalização, à cultura, à dignidade, ao respeito, à liberdade e à convivência familiar e comunitária, além de coloca-los a salvo de toda forma de negligência, discriminação, exploração, violência, crueldade e opressão. (EC n. 65/2010).

(...)

§ 4º A lei punirá severamente o abuso, a violência e a exploração sexual da criança e do adolescente.

2

E Quando não é Assédio Sexual ou a Abordagem com Apelo Sexual no Ambiente de Trabalho não se Enquadra na Tipicidade do Art. 216-A, do Código Penal?

Com base no tipo legal, quando não há intimidação de superior hierárquico em relação ao subordinado ou de quem não tenha ascendência inerente ao exercício de emprego, cargo ou função.

Também não se enquadra como assédio sexual, quando a abordagem ocorre entre pessoas do mesmo nível hierárquico.

Da mesma forma, não se configura a conduta quando há consentimento na abordagem, o que de certa forma estimula a continuidade porque não é repelida.

Quando surgem observações ou comentários sobre atitudes de conotação sexual no ambiente de trabalho ou em função deste, é comum as pessoas rotularem como comportamento de assédio sexual. Por oportuno, com o devido respeito e sem a intenção de desmerecer a conveniência, oportunidade e valor do trabalho, cite-se a própria cartilha elaborada pela Subcomissão de Gênero e Comissão de Ética do Ministério do Trabalho e Emprego[35], no seguinte trecho, ao conceituar e comentar sobre o assédio sexual:

> Assédio sexual é uma das muitas violências que a mulher sofre no dia a dia. De modo geral, acontece quando o homem, principalmente em condição hierárquica superior, não tolera ser rejeitado e passa a insistir e pressionar para conseguir o que quer.
>
> A intenção do assediador pode ser expressa de várias formas. No ambiente de trabalho, atitudes como piadinhas, fotos de mulheres nuas, brincadeiras consideradas de macho ou comentários constrangedores sobre a figura feminina podem e devem ser evitadas.

---

(35) Cartilha *Assédio moral e sexual no trabalho*. Brasília: MTE, ASCOM, 2009. p. 35.

Com a máxima vênia, o autor da Cartilha no Ministério deveria ter mais cuidado, pois o texto afronta a literalidade do tipo penal descrito no art. 216-A, do Código Penal. Quem escreveu restringe o tipo penal como se sua configuração fosse dirigida apenas à mulher, embora o título da cartilha seja Assédio moral e sexual no trabalho. Ademais, é infeliz nas formas descritas em que procura enunciar os comportamentos assediador ao expressar sua intenção, como: fotos de mulheres nuas, atitudes como piadinhas, brincadeiras considera-das de macho (deveria ser mais explícita a cartilha quanto a melhor esclarecer que tipo de brincadeira é de macho).

Com todo respeito que têm opinião divergente, essas formas descritas não configuram o tipo penal previsto no art. 216-A, do Código Penal, ainda mais se ocorrerem sem nenhuma intenção de utilizar-se o assediador de sua posição hierárquica superior à da vítima para obter favorecimento sexual.

Tais condutas podem até ser enquadradas como incontinência de conduta, passível de apuração sob o aspecto disciplinar, que pode concluir pelo despedimento por justa causa, como previsto no art. 482, alínea "b", da CLT, bem como, ensejar a rescisão indireta do contrato de trabalho, com base no art. 483, alíneas "b" e "e", da CLT. E, considerando que a empresa pode prever a proibição de tais práticas, em seu Código de Ética e/ou Regimento Interno da Empresa, pode-se enquadrar o empregado autor da prática como ato de indisci-plina, punível na forma prevista no art. 482, alínea "h", da CLT.

As abordagens nas quais não está presente o elemento troca, ou seja, a prática com objetivo de obter favor de natureza sexual, não caracterizam tipicamente o assédio sexual.

O galanteio, a simples cantada, o elogio, por si só, e de maneira razoável e respeitosa não caracterizam o assédio sexual. Da mesma forma, não se enquadram, necessariamente, como assédio sexual, por exemplo:

1. Situações em que a suposta vítima não repele as abordagens. Como se diz comumente, "está gostando e se beneficiando por ser o (a) preferido (a) da chefia";

2. Se a suposta vítima é galanteada, se é cantada, se aceita presentinhos, inclusive, sai para almoçar com o superior hierárquico, posteriormente, não tem como alegar que sofreu assédio sexual, mesmo porque seu comportamento pode ser interpretado como permissivo;

3. Se há impertinência do agente, embora repreendido pela vítima, mesmo que não esteja presente o elemento constrangimento para obtenção de favor sexual, pode ser enquadrado como incontinência de conduta.

Nesse sentido, importa salientar a oportuna doutrina de Eduardo Henrique Adamo-vich[36], para quem:

> É preciso que o sítio da vítima se dê com a finalidade de interferir em sua liberdade de escolha no plano sexual, fazendo claro que acender ela à pretensão de favores sexuais do ofensor a livrará de um mal maior ou poderá representar a

---

(36) ADAMOVICH, Eduardo Henrique Raymundo Von. *Comentários à Consolidação das Leis do Trabalho*. Rio de Janeiro: Forense, 2009. p. 255.

concessão de facilidades por conta do poder que este último detenha em relação a ela. Não constituem crime simples olhares, gracejos ou "cantadas", sobretudo, se estimulados pelo comportamento insinuante da suposta vítima e não vinculados às relações de trabalho. Se a suposta vítima não tem a sua liberdade de escolha constrangida, não há crime de assédio.

Por ignorância as pessoas vêem assédio sexual onde não há possibilidade de enquadramento no tipo previsto na legislação, como por exemplo, acusação de assédio na qual aluna(o) acusa um(a) professor(a). Isto porque, embora se possa comentar que haja ascendência do professor(a) em relação à aluna(o), porém, não se trata de relação de trabalho, mesmo porque a vítima, nesse caso, não é empregado(a) nem é prestador(a) de serviços na empresa. Trata-se de crítica compartilhada por doutrinadores, como a seguir.

Da mesma forma, há de se concordar com Guilherme de Souza Nucci[37], em sua bastante oportuna observação de que não há como configurar crime de assédio entre professor(a) e aluno(a), como, entre ministro religioso e fiel da entidade religiosa, salientando que o padre, por exemplo, não tem relação laborativa, embora haja subserviência do fiel em razão da fé.

Esse mesmo entendimento crítico foi expressado pela Ministra Maria Cristina Peduzzi[38], na matéria veiculada na página do Tribunal Superior do Trabalho, em 23.1.2013, sob o título *Ministra aponta efeitos do assédio sexual no trabalho*, quando leciona que:

> (...) O Brasil está entre os poucos países que incluíram o assédio sexual no Direito Penal, ao lado da Espanha, Portugal, França e Itália. A maioria das nações inseriu a conduta na legislação civil ou trabalhista. A Lei n. 10.224/01 introduziu o delito de assédio sexual no Capítulo dos Crimes contra a Liberdade Sexual. Esta Lei tem sido alvo de críticas principalmente por ter deixado de regular situações comuns, como o assédio praticado por padres, pastores, professores ou parentes. O texto só se refere à superioridade hierárquica ou ascendência em razão do exercício de emprego, cargo ou função, o que torna o assédio sexual no Brasil típico das relações de trabalho.

Nessa matéria veiculada na página do Tribunal Superior do Trabalho, na Internet, há indicação de que a Ministra Maria Cristina Peduzzi estaria mapeando decisões daquela Corte a respeito de assédio sexual.

No Informativo a Ministra Pedduzzi tece breves comentários de ordem legislativa, conceitual, jurisprudencial, alguns dados da Organização Internacional do Trabalho, além de mencionar, mesmo que passageiramente a possibilidade do assédio entre empregados ou contra o empregador, sujeitando-se o agente à despedida por justa causa enquadrável como ato de incontinência de conduta ou mau procedimento.

> (...) Segundo a Lei n. 10.224, de 15 de maio de 2001, o crime de assédio sexual ocorre quando o agente, prevalecendo-se da condição hierárquica superior ou

---

(37) NUCCI, Guilherme de Souza. *Manual de direito penal:* parte geral: parte especial. 4. ed. rev. atual e ampl. 2. tir. São Paulo: Revista dos Tribunais, 2008 p. 794.

(38) PEDUZZI, Maria Cristina. *Ministra aponta efeitos do assédio sexual no trabalho.* Notícias do Tribunal Superior do Trabalho. Disponível em: <www.tst.jus.br>. Acesso em: 7 set. 2014.

ascendência inerentes ao exercício de emprego, cargo ou função, constrange alguém com o intuito de obter vantagem ou favorecimento sexual. No entanto, quando o assédio ocorre entre empregados ou contra o empregador, o agente estará sujeito a rescisão por justa causa do contrato por incontinência de conduta ou mau procedimento.

Em julgamento de agravo de instrumento no Processo n. TST-AIRR-12940-70.2003.5.02.0079[39], sob a relatoria do Ministro Márcio Eurico Vitral Amaro, a Oitava Turma do Tribunal Superior do Trabalho, manteve a condenação por danos morais, porém, com base na prática de constrangimento ilegal, transcrevendo o entendimento do Tribunal Regional do Trabalho da 2ª Região sobre o tema que consignou:

> (...) Argumenta a reclamada que houve julgamento *extra petita*, na medida em que não foi feito qualquer pedido de indenização por dano moral. Pontua que ausente o assédio sexual propalado na inicial, não se justifica a condenação por dano moral, o que extrapola os limites da controvérsia.
>
> Não há julgamento extra petita. Como bem explanado pelo Juízo Primário, o acionante apresenta os fatos, incumbindo ao Juízo tipificá-los legalmente. Assim, constatada a presença de elementos de constrangimento ilegal, ainda que a reclamante as tenha tipificado como assédio sexual, não pode o juiz deixar de aplicar a lei, sob a alegação de julgamento *extra petita*. Rejeito a preliminar. (fls. 134/138)

Eis o trecho do Acórdão Regional, transcrito no Acórdão do TST, que confirmou o entendimento da sentença de 1º Grau, na qual, com apoio na instrução probatória deixou de reconhecer a prática de assédio sexual, contudo, afirmou ter havido constrangimento ilegal perpetrado contra a empregada reclamante:

> (...) Verifica-se que o Regional manifestou-se no sentido de que o juiz de primeiro grau, com espeque na prova dos autos, procedeu ao adequado enquadramento jurídico dos fatos narrados na inicial, tendo constatado a ocorrência de constrangimento ilegal.
>
> Ora, o pedido aforado pela Reclamante diz respeito à ocorrência de dano moral decorrente de assédio sexual. Assim, conquanto o enquadramento jurídico apresentado pela Reclamante não seja o mais adequado, consoante a sentença proferida, manteve-se a condenação ao pagamento de indenização por danos morais, haja vista a constatação de abalo à intimidade, à honra da Autora, agora com fundamento na ocorrência de constrangimento ilegal. (...)
>
> O Regional, por meio do acórdão de fls. 134/138, manifestou-se nos seguintes termos:
>
> – Os fatos que culminaram na extinção do pacto laboral havido entre as partes não deixam margem a dúvidas: a reclamante foi vítima de ofensas e humilhações em reunião ocorrida na reclamada, em 21.10.2002, cuja gravidade culminou com a rescisão indireta do contrato de trabalho.
>
> Não há dúvidas que nas reuniões com os vendedores, tanto o gerente quanto o diretor faziam gracejos às funcionárias com conotação explícita à sua condição feminina, No caso da reclamante, houve um agravante que residia no fato de seu namorado ter se desligado da empresa em passado recente, o que levou o gerente, inclusive, a cogitar da reclamante estar traindo a empresa.

Como se observa, o caso se refere a constrangimento ilegal, quando o pedido formulado na inicial fazia referência à suposta ocorrência de assédio sexual.

---

(39) BRASIL. Tribunal Superior do Trabalho. *Processo TST-AIRR-12940-70.2003.5.02.0079*, Acórdão da Oitava Turma, relatoria do Ministro Márcio Eurico Vitral Amaro, em 10.11.2010. Publicação no DEJT de 12 nov. 2010.

Por oportuno, na sequência desses comentários, vale ainda salientar que, de conformidade com o Acórdão do processo n. TST-RR-69178/2002-900-04-7, de relatoria do Ministro João Batista Brito Pereira, já citado e em parte transcrito neste trabalho de pesquisa, a Quarta Turma do Tribunal Superior do Trabalho manteve o entendimento do acórdão do Tribunal Regional do Trabalho da 4ª Região, no sentido de que, apesar da insistente paquera com emissão de bilhetes românticos e pedidos de namoro, não houve comprovação de atentado à dignidade física ou psicológica, tampouco, prova da existência de constrangimento.

Entretanto, se a abordagem não fosse respeitosa e/ou causasse constrangimento, estar-se-ia diante de elementos que poderiam conduzir ao enquadramento como prática de assédio sexual, notadamente, se houvesse alguma forma de imposição em razão da superioridade hierárquica como pretensão ao favorecimento sexual, como abuso de poder.

É imprescindível uma atuação firme do Poder Judiciário na apreciação e julgamento das ações, que têm pedidos de indenizações por danos morais sob a alegação de assédio moral e, principalmente, assédio sexual. É preciso punir, penalizar as comprovadas ocorrências de assédio, principalmente, para que tenha o caráter educativo, corretivo contra esta nas relações de trabalho. Por outro lado, também deve agir com rigor, a fim de evitar que ações oportunistas possam obter êxito, enriquecimento sem causa, à custa de verdadeira fraude e danos à imagem de terceiros.

Doutrinariamente, há entendimento de que não existe a prática de assédio sexual como na expressão de Edna Ferreira Maia[40], especialmente, quando não há nenhuma condição imposta e se o galanteio não é desrespeitador nem causa constrangimento, nem retira da vítima a liberdade de negação ou aceitação sem consequências prejudiciais ao exercício do seu trabalho. Não existindo assédio sexual se no:

> (...) Jogo de sedução ou sedução funcional que se traduz em gestos, palavras sexistas, convites, elogios etc., feitos por um colega de trabalho ou mesmo por um superior hierárquico, mas que não constrange, não intimida, não fere a moral, a honra ou a decência do trabalhador. Ao contrário, há uma participação no jogo, há uma liberdade de escolha, com a exteriorização de uma vontade íntima, perfeita e sem vícios, não lhe é despojada a liberdade.

Na mesma linha de entendimento manifestou-se Mário Gonçalves Junior[41], citando Dárcio G. de Andrade que se amparou, segundo informa, na concordância de Luiz Carlos Robortella da seguinte forma:

> (...) A simples intenção sexual, o intuito de sedução do companheiro de trabalho, superior ou inferior hierárquico, não constitui assédio. É o caso de um inofensivo galanteio, de um elogio, ou mesmo namoro entre colegas de serviço, desde que não haja utilização do posto ocupado, como instrumento de facilitação. (...)

---

(40) MAIA, Edna Ferreira. Assédio sexual e a dignidade do trabalhador. *Revista Síntese Trabalhista*, n. 120, p. 28, jun. 1999.

(41) GONÇALVES Júnior, Mário. Prova de assédio em Juízo: o dever de punir após o trânsito em julgado. Artigo publicado no *Jornal Síntese*, n. 73, p. 9, mar. 2003.

Necessária será a intenção de traficar, de valer-se do posto funcional como um atrativo, ou como instrumento de extorsão de privilégio, ou de vantagens indevidas, concorda Luiz Carlos Amorim Robortella (Assédio sexual e dano moral nas relações de trabalho. *III Ciclo de Estudos de Direito do Trabalho*. IBCB, 1997. p. 158).

Importante a correta atuação do Estado juiz para que não haja banalização do assédio sexual. Se não houver um freio, o estabelecimento de limites, corre-se o risco de situações inusitadas e oportunistas do tipo: um sorriso e um elogio poderem ser apontados como assédio sexual, enquanto, uma "cara feia, carrancuda", pode ser interpretada como assédio moral. Em tais situações o que ardilosamente se pretende é a aventura de uma ação indenizatória por danos morais, em busca de alcançar alguma vantagem financeira. É o risco, caso não haja esclarecimento e o estabelecimento de limites!

3

Assédio Sexual no Serviço Público

Com a edição da Emenda Constitucional n. 45/2004, que ampliou a competência material da Justiça do Trabalho, passando a ser competente para processar e julgar demandas oriundas não apenas da relação de emprego, mas da relação de trabalho, surgiram discussões e posicionamentos, notadamente, doutrinários, no sentido de entender-se que se englobava, inclusive, as relações de trabalho entre a Administração Pública Direta, Autárquica e Fundacional e seus servidores estatutários, sob a alegação de que o inciso I do art. 114 da Constituição Federal de 1988, não faz qualquer ressalva nesse sentido. Algumas vozes surgiram nessa linha de raciocínio de que fortaleceria o importante ramo do Poder Judiciário que é a Justiça do Trabalho, até porque esse ramo tem natural vocação social, portanto, mais apta a apreciar com sensibilidade todas as questões afetas às relações de trabalho.

O fato é que, sobretudo, há a competência em razão da matéria e a competência funcional, além do que, a relação de trabalho reconhecida na esfera trabalhista é aquela onde tradicionalmente estão presentes as figuras de empregado e empregador, e não a relação institucional estabelecida a rigor entre o Estado e seus servidores, inseridos nas esferas de competências da Justiça Comum, seja Estadual ou Federal, porque envolvem pedidos de verbas estatutárias, porque trabalhadores esses não regidos, por óbvio, pela Consolidação das Leis do Trabalho, mas pelo Estatuto do Servidor Público, a Lei n. 8.112, de 11 de dezembro de 1990, que dispõe sobre o regime jurídico dos servidores públicos civis da União, das autarquias e das fundações públicas federais.

Eis opinião de Francisco Jorge Neto e Jouberto de Quadros Cavalcante[42], quando comentam sobre quem são as pessoas destinatárias das normas trabalhistas:

> (...) Como regra, o Direito do Trabalho é aplicável às relações jurídicas cujo objeto é a prestação de trabalho subordinado.
>
> Encontram-se excluídos da proteção do Direito do Trabalho: a) o trabalhador autônomo (pela inexistência de subordinação); b) o trabalhador eventual (em face do fato de possuir vários tomadores quanto aos serviços prestados, sem se fixar, juridicamente, a nenhum deles); o servidor público estatutário (em face do regime jurídico, que é de cunho institucional, logo, regido pelo Direito Administrativo. (...)

---

(42) JORGE Neto, Francisco Ferreira; CAVALCANTE, Jouberto de Quadros Pessoa. *Direito do trabalho*. 6. ed. São Paulo: Atlas, 2012. p. 166.

Quanto à competência, os autores destacam a ampliação da competência material da Justiça do Trabalho decorrente da EC n. 45/04, porém, mencionam a liminar concedida pelo então Ministro-Presidente do Supremo Tribunal Federal, Nelson Jobim, que suspendeu, *ad referendum*, toda e qualquer interpretação dada ao inciso I do art. 114 da CF, na redação dada pela EC, que inclua, na competência da Justiça do Trabalho, nos seguintes termos: "Não há que se entender que a justiça trabalhista, a partir do texto promulgado, possa analisar questões relativas a servidores públicos. Essas demandas vinculadas a questões funcionais a eles pertinentes, regidos que são pela Lei 8.112/90 e pelo direito administrativo, são diversas dos contratos de trabalho regidos pela CLT".

A liminar concedida pelo Ministro Nelson Jobim[43], na Medida Cautelar em Ação Direta de Inconstitucionalidade n. 3.395-6 – DISTRITO FEDERAL, foi referendada pelo Tribunal Pleno do STF, em 5.4.2006, sob a relatoria do Ministro Cézar Peluso, com a seguinte ementa, por si esclarecedora:

> **INCONSTITUCIONALIDADE. Ação direta. Competência. Justiça do Trabalho. Incompetência reconhecida. Causas entre o Poder Público e seus servidores estatutários.** Ações que não se reputam oriundas de relação de trabalho. Conceito estrito desta relação. Feitos da competência da Justiça Comum. Interpretação do art. 114, inciso I, da CF, introduzido pela EC n. 45/2004. Precedentes. Liminar deferida para excluir outra interpretação. O disposto no art. 114, I, da Constituição da República, não abrange as causas instauradas entre o Poder Público e o servidor que lhe seja vinculado por relação jurídico-estatutária.

Desse julgamento merece ênfase os seguintes fundamentos do Voto do Ministro Cézar Peluso:

> (...) Entendo presentes os requisitos para a concessão e manutenção da liminar.
>
> A necessidade de se definir a interpretação do art. 114, inc. I, acrescido pela Emenda Constitucional n. 45/2004, conforme a Constituição da República, é consistente.
>
> O Supremo Tribunal Federal já decidiu, no julgamento da ADI n. 492 (Rel. Min. CARLOS VELLOSO, DJ de 12.3.93), ser inconstitucional a inclusão, no âmbito de competência da Justiça do Trabalho, das causas que envolvam o Poder Público e seus servidores estatutários. A razão é porque entendeu alheio ao conceito de "relação de trabalho" o vínculo jurídico de natureza estatutária, vigente entre servidores públicos e a Administração. (...)
>
> A decisão foi que a Constituição da República não autoriza conferir à expressão relação de trabalho alcance capaz de abranger o liame de natureza estatutária que vincula o Poder Público e seus servidores. Daí, ter-se afirmado a incompetência da Justiça do Trabalho para julgar litígios entre ambos.
>
> Ora, ao atribuir à Justiça do Trabalho competência para apreciar "as ações oriundas da relação de trabalho, abrangidos os entes de direito público externo e da administração pública direta e indireta da União, dos Estados, do Distrito Federal e dos Municípios", o art. 114, inc. I, da Constituição, não inclui, em seu âmbito material de validade, as relações de natureza jurídico-administrativa dos servidores públicos.
>
> Logo, é pertinente a interpretação conforme à Constituição, emprestada pela decisão liminar, diante do caráter polissêmico da norma.

---

(43) BRASIL. SUPREMO TRIBUNAL FEDERAL. Tribunal Pleno. *Processo ADI 3.395-6-DF*, relatoria Ministro Cézar Peluso, julgamento de 5 abr. 2006, publicada no D.J 10.11.2006. Ementário n. 2.255-2, p. 274/318.

E, à sua luz, perde força o argumento de inconstitucionalidade formal. A redação dada pelo Senado à norma e suprimida à promulgação em nada alteraria o âmbito semântico do texto definitivo. Afinal, apenas tornaria expressa, naquela regra de competência, a exceção relativa aos servidores públicos estatutários, que o art. 114, inc. I, já contém implicitamente, ao referir-se só a "ações oriundas da relação de trabalho", com a qual não se confunde a relação jurídico-administrativa (ADI n. 492, rel. Min. Carlos Velloso, DJ de 12.3.93).

Dá-se destaque para esclarecer, contudo que, aqueles que prestam serviços ao Poder Público, porém, dissociado do regime estatutário, terão suas demandas apreciadas e julgadas pela Justiça do Trabalho. Esse entendimento encontra respaldo doutrinário, inclusive, na valiosa opinião de Júlio Bernardo do Carmo[44]:

> (...) Os servidores ocupantes de cargos criados por lei, de provimento efetivo ou em comissão, que nesta qualidade prestem serviço público à Administração Pública Direta, suas autarquias e fundações públicas, travando com os entes públicos mencionados uma relação de caráter estritamente institucional e não de trabalho, continuam tendo seus litígios dirimidos pela Justiça Federal.

> Neste último contexto mostra-se sem qualquer relevância jurídica a alteração da redação do art. 114 da Constituição Federal feita à undécima hora pelo Senado Federal, ou seja, no texto original que chegara ao Senado excepcionava-se da competência da Justiça do Trabalho os servidores ocupantes de cargos criados por lei, de provimento efetivo ou em comissão, sendo que o texto acabou sendo aprovado com supressão desta ressalva, fazendo-se menção explícita apenas às relações de trabalho travadas com os entes públicos da administração direta, respectivas autarquias e fundações públicas, isto porque, com ou sem ressalva, o que interessa é que a literalidade do texto constitucionalmente aprovado às últimas deixa explícito que a Justiça do Trabalho, no que concerne à Administração Pública Direta, suas autarquias e fundações públicas, só ostenta competência para processar e julgar ações oriundas de relação de trabalho e não de relação jurídica de cunho institucional, como é da índole do regime jurídico estatutário.(...)

Enfim, não cabe mais discussão acerca da competência, havendo apenas a necessidade de ter presente se a ocorrência deu-se no âmbito das relações celetistas ou estatutárias.

Como já enfatizado, a tipificação está expressa no art. 216-A do Código Penal, porém, mesmo que ainda não haja explícita menção na Lei n. 8.112/1990, não se quer dizer que a conduta deixa de ser reprimida no âmbito das relações estatutárias, lembrando que a CLT também não faz expressa menção ao assédio sexual, porém, nem por isso, deixa de haver apuração e julgamento de questões da espécie no âmbito das relações celetistas. Saliente-se que o Regime Jurídico Único dos Servidores Públicos da União, Autarquias e Fundações Públicas Federais (RJU), prevê no seu Título IV – os deveres do servidor e as condutas proibidas, onde o tema é enquadrável.

---

(44) CARMO. Júlio Bernardo do. *Da ampliação da competência da justiça do trabalho e da adequação de ritos procedimentais*. Exegese tópica e simplista da Emenda Constitucional n. 45/2004, que cuida da reforma do Poder Judiciário. Publicado em: jan. 2005. Disponível em: <http://jus.com.br/artigos/6159/da-ampliacao-da-competencia-da-justica-do-trabalho-e-da-adequacao-de-ritos-procedimentais>. Acesso em: 26 out. 2015.

O Regime Jurídico Único, estabelecido em regência pela Lei n. 8.112/1990, é o diploma básico no qual estão definidos as garantias e vantagens, os direitos e deveres, bem como, as proibições, limitações e penalidades aplicáveis em casos de descumprimentos, na regulação do relacionamento entre os servidores públicos e a administração pública direta, das autarquias e fundações públicas. É o denominado regime estatutário, nome que se consolidou derivando do antigo Estatuto dos Funcionários Públicos Civis da União. E, por oportuno, também merece ênfase que ao Regime Jurídico Único houve a incorporação dos funcionários que eram regidos pela Lei n. 1.711/1952, o referido Estatuto dos Funcionários Públicos Civis da União, bem como, os empregados públicos que eram até então regidos pela Consolidação das Leis do Trabalho.

A determinação para a instituição do Regime Jurídico Único decorreu da Constituição Federal de 1988, como previsto no seu art. 39:

> Art. 39 – A União, os Estados, o Distrito Federal e os Municípios instituirão, no âmbito de sua competência, regime jurídico único e planos de carreira para os servidores da administração pública direta, das autarquias e das fundações públicas (...)

Assim, no que diz respeito ao tema aqui tratado, que é a ocorrência de assédio de qualquer natureza, nele incluído o assédio sexual, independente da apuração sob o Código Penal e da possível ação indenizatória por danos morais, caso ocorra no serviço público federal notadamente, tem-se o Regime Jurídico Único dos Servidores Públicos da União, Autarquias e Fundações Públicas Federais (RJU) que prevê, no Título IV, as condutas proibitivas e deveres do servidor, sendo algumas aplicáveis ao tema. Que são elas:

> "Art. 116. São deveres do servidor:
>
> IX – manter conduta compatível com a moralidade administrativa;
>
> XI – tratar com urbanidade as pessoas;"

> "Art. 117. Ao servidor é proibido:
>
> IX – valer-se do cargo para lograr proveito pessoal ou de outrem, em detrimento da dignidade da função pública."

> "Art. 127. São penalidades disciplinares:
>
> I – advertência;
>
> II – suspensão;
>
> III – demissão;
>
> IV – cassação de aposentadoria ou disponibilidade;
>
> V – destituição de cargo em comissão;
>
> VI – destituição de função comissionada."

> "Art. 128. Na aplicação das penalidades serão consideradas a natureza e a gravidade da infração cometida, os danos que dela provierem para o serviço público, as circunstâncias agravantes ou atenuantes e os antecedentes funcionais.
>
> Parágrafo único. O ato de imposição da penalidade mencionará sempre o fundamento legal e a causa da sanção disciplinar."

"Art. 132. A demissão será aplicada nos seguintes casos:

V – incontinência pública e conduta escandalosa, na repartição;"

A conduta, num olhar preliminar, pode ser reconhecido como uma incontinência de conduta, por sinal, escandalosa, mesmo que não ocorra na repartição, mas se decorrente da relação de trabalho, especialmente, da condição hierárquica, sobretudo, de subordinação ou ascendência inerentes ao exercício de emprego, cargo ou função, como consta do tipo penal previsto no art. 216-A, do Código Penal Brasileiro, com o objetivo de obtenção de favorecimento sexual, com imposições a sua vontade, causando constrangimento, com ofensa à honra da vítima, sua intimidade, dignidade e imagem pessoal, em conduta repudiada pelo(a) assediado(a).

Não há como se desconsiderar na exemplificação para efeito de estabelecimento desse tratamento, que já previsto no art. 482, alínea *b*, da Consolidação das Leis do Trabalho, como uma das hipóteses de despedimento por justa causa, juntamente com o mau procedimento, sendo a incontinência de conduta considerada o comportamento daquele ou daquela que falta com a moderação na sua sensualidade, não se abstendo dos prazeres, não reprimindo seus impulsos de natureza sexuais, deixando que se aflorem em liberdade, faltando com o respeito em ofensa à moralidade para com seus colegas e/ou colaboradores do trabalho.

No âmbito da administração pública ainda cabe a análise com base na Lei n. 8.429, de 2 de junho de 1992[45], a Lei de Improbidade Administrativa, porque a conduta do assédio é violadora dos princípios da administração pública, dos deveres de honestidade, imparcialidade, legalidade e lealdade às instituições, além do que, em caso de ações indenizatórias, a administração pública ainda poderá arcar com prejuízos decorrentes de sua responsabilidade objetiva, inclusive, quanto ao zelo com o ambiente de trabalho.

Eis o que se extrai da referida Lei de Improbidade Administrativa:

Art. 1º Os atos de improbidade praticados por qualquer agente público, servidor ou não, contra a administração direta, indireta ou fundacional de qualquer dos Poderes da União, dos Estados, do Distrito Federal, dos Municípios, de Território, de empresa incorporada ao patrimônio público ou de entidade para cuja criação ou custeio o erário haja concorrido ou concorra com mais de cinquenta por cento do patrimônio ou da receita anual, serão punidos na forma desta lei.

Parágrafo único. Estão também sujeitos às penalidades desta lei os atos de improbidade praticados contra o patrimônio de entidade que receba subvenção, benefício ou incentivo, fiscal ou creditício, de órgão público bem como daquelas para cuja criação ou custeio o erário haja concorrido ou concorra com menos de cinquenta por cento do patrimônio ou da receita anual, limitando-se, nestes casos, a sanção patrimonial à repercussão do ilícito sobre a contribuição dos cofres públicos.

Art. 2º Reputa-se agente público, para os efeitos desta lei, todo aquele que exerce, ainda que transitoriamente ou sem remuneração, por eleição, nomeação, designação, contratação ou qualquer

---

(45) BRASIL. Lei n. 8.429, de 2 de junho de 1992, que dispõe sobre as sanções aplicáveis aos agentes públicos nos casos de enriquecimento ilícito no exercício de mandato, cargo, emprego ou função na administração pública direta, indireta ou fundacional e dá outras providências. Publicação no *Diário Oficial da União* em 3 de junho de 1992.

outra forma de investidura ou vínculo, mandato, cargo, emprego ou função nas entidades mencionadas no artigo anterior.

(...)

Dos Atos de Improbidade Administrativa que Atentam Contra os Princípios da Administração Pública

Art. 11. Constitui ato de improbidade administrativa que atenta contra os princípios da administração pública qualquer ação ou omissão que viole os deveres de honestidade, imparcialidade, legalidade, e lealdade às instituições, e notadamente:

I – praticar ato visando fim proibido em lei ou regulamento ou diverso daquele previsto, na regra de competência;

II – retardar ou deixar de praticar, indevidamente, ato de ofício;

III – revelar fato ou circunstância de que tem ciência em razão das atribuições e que deva permanecer em segredo;

IV – negar publicidade aos atos oficiais;

V – frustrar a licitude de concurso público;

VI – deixar de prestar contas quando esteja obrigado a fazê-lo;

VII - revelar ou permitir que chegue ao conhecimento de terceiro, antes da respectiva divulgação oficial, teor de medida política ou econômica capaz de afetar o preço de mercadoria, bem ou serviço.

VIII – descumprir as normas relativas à celebração, fiscalização e aprovação de contas de parcerias firmadas pela administração pública com entidades privadas. (Redação dada pela Lei n. 13.019, de 2014) (Vigência).

IX – deixar de cumprir a exigência de requisitos de acessibilidade previstos na legislação.

Nesse sentido, é importante recorrer-se à jurisprudência, que reforça o entendimento do leitor. Eis um Acórdão da E. Segunda Turma do Superior Tribunal de Justiça, no julgamento do REsp n. 125.5120-SC, sob a Relatoria do Ministro Humberto Martins[46], que manteve decisão originária do Judiciário do Estado de Santa Catarina, que condenou um professor de matemática da rede pública estadual de ensino, à perda do cargo, mediante aplicação da Lei n. 8.429/1992, a Lei de Improbidade Administrativa (LIA), por ter sido acusado da prática de assédio sexual contra suas alunas em troca de boas notas:

PROCESSUAL CIVIL. ADMINISTRATIVO. IMPROBIDADE ADMINISTRATIVA.

ASSÉDIO DE PROFESSOR DA REDE PÚBLICA. PROVA TESTEMUNHAL SUFICIENTE. VIOLAÇÃO AOS PRINCÍPIOS DA ADMINISTRAÇÃO PÚBLICA. AUSÊNCIA DE PREQUESTIONAMENTO. SÚMULA N. 282/STF. MATÉRIA CONSTITUCIONAL. COMPETÊNCIA DA EXCELSA CORTE. DOLO DO AGENTE. ATO ÍMPROBO. CARACTERIZAÇÃO.

1. Cinge-se a questão dos autos a possibilidade de prática de assédio sexual como sendo ato de improbidade administrativa previsto no *caput* do art. 11 da Lei n. 8.429/1992, praticado por professor da rede pública de ensino, o qual fora condenado pelas instâncias ordinárias à perda da função pública.

---

(46) BRASIL. Superior Tribunal de Justiça. *Processo n. 2011/0118722-1, Resp. 1255120-SC*, relatoria Ministro Humberto Martins, julgamento em 21.5.2013, publicação no DJe de 28 maio 2013.

2. A tese inerente à atipicidade da conduta em razão da inexistência de nexo causal entre o ato e a atividade de educador exercida pelo Professo não foi abordada pelo Corte de origem, o que atrai a incidência da Súmula n. 282 do STF.

3. O recorrente também tratou de questão constitucional, qual seja, a dignidade da pessoa humana, matéria que refoge da competência desta Corte Superior, sob pena de usurpação da competência do Supremo Tribunal Federal.

4. É firme a orientação no sentido da imprescindibilidade de dolo nos atos de improbidade administrativa por violação a princípio, conforme previstos no caput do art. 11 da Lei n. 8.429/1992 — o que foi claramente demonstrado no caso dos autos, porquanto o professor atuou com dolo no sentido de assediar suas alunas e obter vantagem indevida em função do cargo que ocupava, o que subverte os valores fundamentais da sociedade e corrói sua estrutura.

5. O recurso não pode ser conhecido em relação à alínea "c" do permissivo constitucional, porquanto o recorrente não demonstrou suficientemente a divergência, o que atrai, por analogia, a incidência da Súmula n. 284/STF.

Recurso especial conhecido em parte e improvido.

Breves Considerações sobre o Assédio Sexual nas Forças Armadas com Base no Código Penal Militar

Destaca-se o fato do Código Penal Militar Brasileiro não prever tipificação para ocorrências de assédios sexual e moral. Alguns autores entendem que no momento em que houve a edição do Decreto-lei n. 1.001, de 21 de outubro de 1969, não haviam mulheres integrando os quadros das instituições militares.

Com todo o respeito, há de se entender que a justificativa não faz sentido, considerando que a prática desse delito não se restringe às mulheres como alvos, porque a prática independe de gênero ou opção sexual. Por óbvio, as mulheres são as principais vítimas. E, por seu turno, mais uma razão para não justificar a ausência de previsão da tipicidade do assédio sexual, considerando que o próprio Código Penal Militar[47], em seu Título IV – DOS CRIMES CONTRA A PESSOA, no Capítulo VII trata DOS CRIMES SEXUAIS, como o Estupro e a Prática de Ato Libidinoso, apesar de editado na vigência de um Ato Institucional em período de Exceção, não ignorou a figura da mulher, fazendo a ela referência expressa como vítima no caso de estupro, ou, contra homossexual ou não, no caso de prática de ato libidinoso em lugar sujeito à administração militar. Eis a literalidade:

Estupro

Art. 232. Constranger mulher a conjunção carnal, mediante violência ou grave ameaça.

Pena – reclusão, de três a oito anos, sem prejuízo da correspondente à violência.

---

(47) BRASIL. Decreto-lei n. 1.001, de 21 de outubro de 1969, em que os Ministros da Marinha de Guerra, do Exército e da Aeronáutica Militar, usando das atribuições que lhes confere o art. 3º do Ato Institucional n. 16, de 14 de outubro de 1969, combinado com o § 1º do art. 2º, do Ato Institucional n. 5, de 13 de dezembro de 1968, decretam Código Penal Militar. Publicação no Diário Oficial da União de 21 de outubro de 1969. Disponível em: <http://www.planalto.gov.br/ccivil_03/Decreto-lei/Del1001.htm>. Acesso em: 14 ago. 2017.

Atentado violento ao pudor

Art. 233. Constranger alguém, mediante violência ou grave ameaça, a presenciar, a praticar ou permitir que com ele pratique ato libidinoso diverso da conjunção carnal.

Pena – reclusão, de dois a seis anos, sem prejuízo da correspondente à violência.

Corrupção de menores

Art. 234. Corromper ou facilitar a corrupção de pessoa menor de dezoito e maior de quatorze anos, com ela praticando ato de libidinagem, ou induzindo-a a praticá-lo ou presenciá-lo.

Pena – reclusão, até três anos.

Pederastia ou outro ato de libidinagem

Art. 235. Praticar, ou permitir o militar que com ele se pratique ato libidinoso, homossexual ou não, em lugar sujeito a administração militar.

Pena – detenção, de seis meses a um ano.

Presunção de violência

Art. 236 – Presume-se a violência, se a vítima:

I – não é maior de quatorze anos, salvo fundada suposição contrária do agente;

II – é doente ou deficiente mental, e o agente conhecia esta circunstância;

III – não pode, por qualquer outra causa, oferecer resistência.

Aumento de pena

Art. 237. Nos crimes previstos neste capítulo, a pena é agravada, se o fato é praticado:

I – com o concurso de duas ou mais pessoas;

II – por oficial, ou por militar em serviço.

(...)

Ora, se desde a origem do Código Penal Militar já havia previsão das práticas delituosas acima transcritas perpetradas contra as mulheres, não tem razão alguma não ter sido alterado o referido Código para, também, ser incluída a prática do assédio sexual, como o fez o Código Penal Brasileiro, com a inclusão do art. 216-A.

Por oportuno, merece ênfase o julgamento parcialmente procedente, da ADPF – Arguição de Descumprimento de Preceito Fundamental n. 291/DF[48], requerida pela Procuradoria Geral da República, sob a Relatoria do Ministro Roberto Barroso, julgada pelo Tribunal Pleno do Supremo Tribunal Federal, para declarar que não foram recepcionados pela Constituição Federal de 1988 as expressões "pederastia ou outro" e "homossexual ou não", contidas no art. 235 do Código Penal Militar, porque têm sentido pejorativo e discriminatório, marca de intolerância, em violação ao reconhecido direito à liberdade de orientação sexual e à liberdade existencial. Eis a íntegra da Ementa do Acórdão:

---

(48) BRASIL. Supremo Tribunal Federal. Tribunal Pleno. *Acórdão ADPF-291/DF*, relatoria Ministro Roberto Barroso, julgamento de 28.10.2015, divulgado em 10.5.2016, publicado no DJe de 11.5.2016. Disponível em: <http://redir.stf.jus.br/paginadorpub/paginador.jsp?docTP=TP&docID=10931627>. Acesso em: 15 out. 2017

Ementa: ARGUIÇÃO DE DESCUMPRIMENTO DE PRECEITO FUNDAMENTAL. ART. 235 DO CÓDIGO PENAL MILITAR, QUE PREVÊ O CRIME DE "PEDERASTIA OU OUTRO ATO DE LIBIDINAGEM". NÃO RECEPÇÃO PARCIAL PELA CONSTITUIÇÃO DE 1988. 1. No entendimento majoritário do Plenário do Supremo Tribunal Federal, a criminalização de atos libidinosos praticados por militares em ambientes sujeitos à administração militar justifica-se, em tese, para a proteção da hierarquia e da disciplina castrenses (art. 142 da Constituição). No entanto, não foram recepcionadas pela Constituição de 1988 as expressões "pederastia ou outro" e "homossexual ou não", contidas, respectivamente, no nomen iuris e no caput do art. 235 do Código Penal Militar, mantido o restante do dispositivo. 2. Não se pode permitir que a lei faça uso de expressões pejorativas e discriminatórias, ante o reconhecimento do direito à liberdade de orientação sexual como liberdade existencial do indivíduo. Manifestação inadmissível de intolerância que atinge grupos tradicionalmente marginalizados. 3. Pedido julgado parcialmente procedente.

Encontra-se em tramitação o Projeto de Lei do Senado n. 65, de 2009[49], de autoria do Senador Magno Malta, com o objetivo de alterar o Decreto-lei n. 1.001, de 21 de outubro de 1969 (Código Penal Militar), para passar a prever o crime de assédio sexual, possivelmente, com a introdução de um art. 233-A no mencionado Diploma.

A redação do referido artigo merecerá discussão, conforme bem destaca o Autor do Projeto que, em sucinta justificação argumenta que:

"A Lei n. 10.224, de 2001, acrescentou ao Código Penal o art. 216-A, tipificando o crime de assédio sexual. Todavia, acréscimo semelhante não foi feito no Código Penal Militar. Como a redação do tipo presente no Código Penal não é adequada para o meio militar, pois não menciona a ascendência inerente a posto ou graduação, convém a redação de tipo mais específico."

Em 10 de julho de 2017, o Senador Edison Lobão, Presidente da Comissão de Constituição, Justiça e Cidadania, designou Relator da matéria o Senador Roberto Requião, porque a Proposta foi arquivada em 26.12.2014, motivada pelo final da 54ª Legislatura.

Vale enfatizar que, antes do arquivamento, o Projeto esteve na Comissão de Constituição e Justiça, sob a Relatoria do então Senador Marcelo Crivella que concluiu e juntou o seu Relatório em 25.6.2009, com manifestação pela aprovação. Eis a parte conclusiva:

(...) "É que, muitas vezes, ocorrem alterações no Código Penal sem que o legislador esteja atento à necessidade de, também, "atualizar" o Código Penal Militar, o que vem gerando alguns descompassos entre os dois diplomas.

No presente caso, estamos persuadidos de que o assédio sexual merece ser incorporado à legislação penal militar, bastando constatar que o COM contempla outras modalidades de crimes sexuais, como o estupro (art. 232) e o atentado violento ao pudor (art. 233).

Parece-nos, pois, que o PLS n. 65, de 2009, em boa hora, veio trazer atualidade ao diploma penal militar, razão pela qual opinamos favoravelmente à sua aprovação, considerando, ainda, que o art. 233-A que se quer introduzir no COM está bem redigido do ponto de vista das técnicas penal e legislativa."

Antes do arquivamento ocorrido no final da 54ª Legislatura, em 26.12.2014, o Projeto esteve na CCJSSP — Subcomissão Permanente de Segurança Pública que, em 30.5.2012, entregou seu Relatório com voto favorável, nos seguintes termos:

---

(49) BRASIL. *Projeto de Lei do Senado n. 65, de 2009*. Autoria Senador Magno Malta. Altera o Decreto-lei n. 1.001, de 21 de outubro de 1969 (Código Penal Militar), para prever o crime de assédio sexual. Disponível em: <http://www25.senado.leg.br/web/atividade/materias/-/materia/89706>. Acesso em: 17 ago. 2017.

"(...) A matéria é de direito penal, de competência privativa da União, *ex vi* do art. 22, I, da Constituição Federal. Não identificamos óbices de natureza constitucional, jurídica ou regimental.

O PLS n. 65, de 2009, propõe definir o assédio sexual como crime militar. Como está hoje, o assédio sexual praticado por militar que se prevalece de sua posição hierárquica é remetido à Justiça Comum. Uma vez incorporado o tipo ao Código Penal Militar (CPM), o crime passará a ser processado pela Justiça Militar. Oportuno mencionar que o CPM já traz outras modalidades de crimes sexuais, como o estupro e o atentado violento ao pudor (arts. 232 e 233).

Cabe ao legislador ordinário classificar, ou não, determinado comportamento como crime militar. É uma decisão política. A incorporação da conduta ao CPM informa à sociedade que o Estado passa a considerá-la, quando praticada no âmbito da administração militar, também como afronta à disciplina e à ordem militares, o que nos parece correto.

Estamos convencidos, pois, de que o PLS acerta ao suprir a apontada lacuna da legislação penal militar, modernizando o seu principal diploma.

III – VOTO

Diante do exposto, opinamos pela aprovação do Projeto de Lei do Senado n. 65, de 2009."

Conforme registrado acima, o referido Projeto encontra-se desde o dia 10.7.2017 com a Relatoria do Exmo. Sr. Senador Roberto Requião.

Assim, por falta de tipificação específica a respeito da prática de assédio sexual no Código Penal Militar, casos de desvio de comportamento com conotação sexual, são enquadrados, por exemplo, como prática de ato libidinoso, conforme previsto no art. 235 do Código Penal Militar, embora, também possam acontecer, como é qualquer organização, práticas de atos de conotação sexual, não necessariamente enquadráveis como assédio sexual. Eis um caso, processo n. 0000070-02.2016.7.01.0401[50], com indícios de conotação sexual, de conformidade com o Código Penal Militar, arts. 238 e 239[51], por se tratar de ato obsceno:

EMENTA: RECURSO EM SENTIDO ESTRITO. MPM. REJEIÇÃO DA DENÚNCIA. PRODUÇÃO, EXIBIÇÃO E DIVULGAÇÃO DE IMAGEM DE CUNHO OBSCENO. APLICATIVO WHATSAPP. PRESENÇA DOS REQUISITOS PARA O RECEBIMENTO DA DENÚNCIA. ÍNDICIOS DE AUTORIA E PROVA DE MATERIALIDADE. TIPO PENAL QUE NÃO EXIGE O DOLO ESPECÍFICO. NÍTIDA CONOTAÇÃO SEXUAL. MILITARES FARDADOS. RECURSO CONHECIDO E PROVIDO. UNÂNIME.

---

(50) BRASIL. SUPERIOR TRIBUNAL MILITAR. *Processo 0000070-02.2016.7.01.0401/RJ*, relatoria Ministro Carlos Augusto de Sousa. Publicação DJE 05 abr. 2017. Disponível em: <https://www2.stm.jus.br/cgi-bin/nph-brs?s1=sexual&l=20&d=JURS&p=1&u=j&r=2&f=G&sect1=NOVAJURI>. Acesso em: 26 set. 2017

(51) **Ato obsceno**
Art. 238. Praticar ato obsceno em lugar sujeito à administração militar:
Pena – detenção de três meses a um ano.
Parágrafo único. A pena é agravada, se o fato é praticado por militar em serviço ou por oficial.
Escrito ou objeto obsceno
Art. 239. Produzir, distribuir, vender, expor à venda, exibir, adquirir ou ter em depósito para o fim de venda, distribuição ou exibição, livros, jornais, revistas, escritos, pinturas, gravuras, estampas, imagens, desenhos ou qualquer outro objeto de caráter obsceno, em lugar sujeito à administração militar, ou durante o período de exercício ou manobras:
Pena – detenção, de seis meses a dois anos.
Parágrafo único. Na mesma pena incorre quem distribui, vende, oferece à venda ou exibe a militares em serviço objeto de caráter obsceno.

1. Militares que produziram, exibiram e divulgaram, em meios eletrônicos, imagem com conotação sexual. O tipo penal do art. 239 do CPM é classificado como de ação múltipla ou de conteúdo variado, de modo que, em tese, os Denunciados teriam incorrido em, pelo menos, três núcleos verbais.

2. Presentes os requisitos do art. 77 do CPPM, a Denúncia deve ser recebida. A cadeia probante não deixa dúvidas quanto aos indícios de autoria e de prova de fato que, em tese, constitua crime.

3. A jocosidade não ilide o dolo constante do tipo em comento, o qual não exige finalidade específica. Ademais, os Denunciados encontravam-se fardados e dentro da Organização Militar no momento das condutas inquinadas como criminosas.

Recurso conhecido e provido. Decisão unânime.

Trata-se de ocorrência constatada, na forma da denúncia em que o ofendido em seu descanso autorizado, pegando no sono foi fotografado por colegas de corporação, em tom de deboche. O ofendido momentos depois constatou que era motivo de deboche, ao receber por meio de *"um grupo de conversa do aplicativo WhatsApp, uma foto em que aparecia dormindo e, ao seu lado, estava um militar com seu pênis exposto na altura do rosto do Ofendido (mídia contendo a imagem à fl. 176-A)".*

É conduta violadora do pudor e à moral do Ofendido, causando-lhe humilhação e vergonha, além de ultraje público ao pudor militar, porque o ofensor se encontrava no ato trajando fardamento militar, dentro de uma Organização Militar.

No cotidiano das relações trabalhistas sabe-se que não é fácil a instrução probatória de ações onde se discute a ocorrência ou não da prática de assédio sexual. Nas organizações militares supõe-se ainda existir o temor da suposta vítima, notadamente, em razão do rigor disciplinar. Nesse aspecto, ainda há o risco, uma vez não provada a ocorrência de assédio sexual, surgirem desdobramentos, como por exemplo, a acusação de difamação por parte do suposto assediador. Eis um Acórdão da espécie no processo 0000022-33.2008.7.01.0301[52], pelo Superior Tribunal Militar:

APELAÇÃO. DIFAMAÇÃO. NOTÍCIA DE ASSÉDIO SEXUAL E PERSEGUIÇÃO DE SUPERIOR CONTRA SUBORDINADO. CAUSA DE AUMENTO DE PENA. PRESENÇA DE OUTRAS PESSOAS. TRANSGRESSÃO DISCIPLINAR. INSUFICIÊNCIA DE PROVAS. PRINCÍPIO DO "IN DUBIO PRO REO". SENTENÇA ABSOLUTÓRIA PRESERVADA.

Não comete crime de difamação o militar que, sentindo-se acuado e constrangido após incessantes investidas de assédio sexual por parte de seu superior hierárquico, externa seu desabafo com alguns poucos colegas de farda, na busca de orientação e proteção.

A instrução probatória findou sem que fosse demonstrada a inequívoca intenção de a subordinada alardear ofensas desonrosas contra a superior.

O propósito subjacente à ação difamatória demanda provas do ocorrido, não podendo ser inferida ou presumida, na medida em que comportam certa carga de subjetividade.

(52) BRASIL. SUPERIOR TRIBUNAL MILITAR. *Processo 0000022-33.2008.7.01.0301*, relatoria Ministro José Américo dos Santos. Publicação no DJE de 22 jun. 2011. Disponível em: <https://www2.stm.jus.br/cgi-bin/nph-brs?s1=assedio+e+sexual&l=20&d=JURI&p=1&u=j&r=1&f=G&sect1=NOVAJURI>. Acesso em: 24 set. 2017.

Os fatos foram circunstanciados num âmbito restrito, ao alcance de poucas pessoas, o que enfraquece ou, ao menos, torna incerta a intenção de macular a reputação do Oficial supostamente ofendido. Aplicação do princípio do "in dubio pro reo".

Decisão unânime.

Apesar da ausência de tipificação do crime de assédio sexual no Código Penal Militar, ocorrências da espécie não ficam sem apuração e processamento, porém, com enquadramento no art. 235:

Pederastia ou outro ato de libidinagem

Art. 235. Praticar, ou permitir o militar que com ele se pratique ato libidinoso, homossexual ou não, em lugar sujeito a administração militar:

Pena - detenção, de seis meses a um ano.

Enfim, há o enquadramento, porém, sem as expressões pederastia ou homossexual, porque não recepcionadas pela Constituição Federal de 1988, conforme transcrição do resultado ementado da ADPF n. 291/DF, acima.

Assédio Sexual e os Limites Impostos pela Tipificação Penal

5

Direito Comparado

Dentro do estudo a respeito do assédio sexual, observa-se uma convergência de conceituação e caracterização dessa prática reprimida em diversos países, notadamente os pertencentes à América do Sul, divergindo apenas no grau de responsabilidade dos autores dessa conduta reprovável, conforme a seguir exposto com mais detalhes. Entretanto, procura-se no trabalho de pesquisa enfatizar que, também, no contexto da União Europeia, o tema tem suscitado preocupação e destaca-se a sua importante normatização naquele conjunto de países.

5.1. União Europeia

O olhar acerca do que acontece e se discute sobre o assédio sexual no cenário da União Europeia enriquece o trabalho, porque possibilita observar que não se trata de um problema inerente a países não integrantes do denominado Primeiro Mundo, ou de educação e culturas menos evoluídos.

Importantes as informações colhidas no trabalho de pesquisa desenvolvido pelas Dras. Tatiana Morais, Cláudia Múrias e Maria José Magalhães[53], sobre o assédio sexual no trabalho tendo como ponto de análise a reflexão a partir de diversos ordenamentos jurídicos, publicado no International Journal on Working Conditions, onde destacam que:

> Relativamente à prevalência, estudos realizados na década de 90, apontavam para 1 vítima em cada 2 mulheres, isto é, 50% das mulheres eram ou tinham sido, na sua juventude, alvo de comportamentos de assédio (Fitzgerald & Shullman, 1993), na europa, a incidência nas mulheres revelada pelos estudos com caráter nacional variava entre 81% na Austrália, 78% no Luxemburgo, 72% na Alemanha, 54% no Reino Unido, 32% na Holanda, 27% na Finlândia, 17% na Suécia e 11% na Dinamarca (Garcia, 2001).

> Apesar da esmagadora maioria das vítimas serem mulheres, verifica-se, também, a existência de homens vítimas de assédio sexual, embora em menor escala,

---

(53) MORAIS, Tatiana; MÚRIAS, Cláudia; MAGALHÃES, Maria José. Assédio sexual no trabalho: uma reflexão a partir de ordenamentos jurídicos. Publicação pela RICOT – Rede de Investigação sobre Condições de Trabalho – Instituto de Sociologia da Universidade do Porto. *International Journal on Working Conditions*. Disponível em: <http://www.ricot.com.pt/artigos/1/IJWC.7_TMorais%20et%20al_34.51.pdf>. Acesso em: 28 out. 2016.

nomeadamente quando pertencem a grupos socialmente mais vulneráveis como jovens, gays, membros de minorias étnicas ou "raciais" e homens que trabalham em ambientes dominados por mulheres. Nas mulheres, destacam-se os seguintes grupos mais vulneráveis ao assédio sexual: mulheres mais dependentes economicamente, imigrantes, de minorias étnicas ou "raciais" e em locais de trabalho mais masculinizados (McCann, 2005).

Ainda com base nesse trabalho, informa-se que a noção de assédio sexual foi veiculada em alguns diplomas legais, a exemplo da Diretiva n. 2004/113/CE do Conselho, de 13 de dezembro de 2004[54], como a Diretiva n. 2006/54/CE do Parlamento Europeu e do Conselho, de 05 de julho de 2006, bem como a Convenção do Conselho da Europa para a Prevenção e o Combate à Violência contra as Mulheres e a Violência Doméstica, que é a denominada Convenção de Istambul, de 2011.

A Diretiva n. 2004/113/CE do Conselho, de 13 de dezembro de 2004, destaca que a igualdade entre homens e mulheres é um princípio fundamental da União Europeia e que o direito das pessoas à igualdade perante a lei e à proteção contra a discriminação são direitos universais, inclusive, reconhecidos pela Declaração Universal dos Direitos do Homem. Assim, merece ênfase que em seu art. 2º, alínea "d", a Diretiva define o assédio sexual como:

> (...)
>
> 4. Assédio sexual: sempre que ocorra um comportamento indesejado de carácter sexual, sob forma física, verbal ou não verbal, com o objetivo ou o efeito de violar a dignidade da pessoa, em especial quando criar um ambiente intimidativo, hostil, degradante, humilhante ou ofensivo.
>
> (...)

Documento considerado importante direcionador das normas internas dos países membros da União Europeia, informa-se a Diretiva do Parlamento Europeu e do Conselho n. 2002/73/CE[55], de 23 de setembro de 2002, com o intuito, não apenas de reforçar a necessidade de tratamento igualitário entre homens e mulheres, mas de forma oportuna definindo conceitualmente o que deve ser entendido por discriminação direta e indireta, principalmente, o assédio sexual, dentre as formas de assédio sobre o indivíduo e que deve ser combatido e, terminantemente, proibido no âmbito do quadro normativo da União Europeia.

A Diretiva tem ainda mais importância, por exortar os Estados-membros, parceiros sociais, empregadores e as pessoas responsáveis pela formação profissional, a assumirem atitudes na prevenção de todas as formas de discriminação sexual e, especialmente, o assédio moral e o assédio sexual no ambiente de trabalho.

---

(54) UNIÃO EUROPEIA. Directiva n. 2004/113/CE do Conselho, de 13 de dezembro de 2004. *Jornal Oficial da União Europeia – PT*, 21 dez. 2004, L. 373/37 a 373/43. Disponível em: <http://eur-lex.europa.eu/search.html?DTN=0113&DTA=2004&qid=1477601220204&CASE_LAW_SUMMARY=false&DTS_DOM=ALL&excConsLeg=true&type=advanced&SUBDOM_INIT=ALL_ALL&DTS_SUBDOM=ALL_ALL>. Acesso em: 27 out. 2016.

(55) UNIÃO EUROPEIA. Directiva n. 2002/73/CE do Parlamento Europeu e do Conselho, de 23 de setembro de 2002. *Jornal Oficial das Comunidades Europeias – PT*, 5 out. 2002, L. 269/15 a 269/20. Disponível em: <http://eur-lex.europa.eu/legal-content/PT/TXT/PDF/?uri=CELEX:32002L0073&from=PT>. Acesso em: 18 out. 2017.

Por essa Diretiva, os Estados-Membros aprovaram o compromisso de dar-lhe cumprimento até 5 de outubro de 2005. E, dela também constam as conceituações sublinhadas no seu art. 2º, sobre discriminação direta, discriminação indireta, assédio e assédio sexual, este último como a situação em que ocorre um comportamento indesejado de carácter sexual, sob forma verbal, não verbal ou física, com o objetivo ou o efeito de violar a dignidade da pessoa, em particular pela criação de um ambiente intimidativo, hostil, degradante, humilhante ou ofensivo; qualquer forma de assédio, é também considerada igualmente uma forma de discriminação.

A Diretiva n. 2006/54/CE[56] do Parlamento Europeu e do Conselho, de 5 de julho de 2006, relativa à aplicação do princípio da igualdade de oportunidades e igualdade de tratamento entre homens e mulheres em domínios ligados ao emprego e à atividade profissional, procedeu reformulação e atualização de disposições de Diretivas anteriores, teve o propósito de mais clareza e unidade, ainda com apoio na jurisprudência do Tribunal de Justiça das Comunidades Europeias.

Essa Diretiva reforçou o conceito de assédio sexual, como prática contrária ao princípio da igualdade de tratamento entre homens e mulheres, considerado como forma de discriminação, com ocorrência não só no local de trabalho, mas também no contexto do acesso ao emprego, à formação profissional e às promoções na carreira. Por conseguinte, estas formas de discriminação deverão ser proibidas e sujeitas a sanções efetivas, proporcionadas e dissuasivas.

A preocupação das autoridades da União Europeia é constante. Por isso, tendo em consideração diversas Diretivas e Recomendações, o Parlamento Europeu aprovou em 08 de outubro de 2015, uma Resolução[57] sobre a aplicação da Diretiva n. 2006/54/CE do Parlamento Europeu e do Conselho, de 5 de julho de 2006, relativa à aplicação do princípio da igualdade de oportunidade e igualdade de tratamento entre homens e mulheres em domínios ligados ao emprego e à atividade profissional, reforçando os princípios emanados da Convenção sobre a Eliminação de Todas as Formas de Discriminação contra as Mulheres, aprovada no quadro da Resolução n. 34/180 de 18 de dezembro de 1979, da Assembleia Geral da Organização das Nações Unidas.

No texto aprovado, sempre tendo presente que a discriminação em razão de sexo, da origem racial ou étnica, de religião ou crença, de deficiência, de idade ou da orientação sexual é proibida conforme o Direito da União Europeia, o Parlamento por intermédio dessa Resolução, solicitou à Comissão e aos Estados-Membros que criassem sistemas de monitoramento eficazes, como medidas de fiscalização e controle, com o objetivo de melhorar as bases de dados sobre ocorrências de práticas de assédios e sobre os casos de discriminação

---

(56) UNIÃO EUROPEIA. Directiva n. 2006/54/CE do Parlamento Europeu e do Conselho, de 5 de julho de 2006. *Jornal Oficial da União Europeia – PT*, 26 jul. 2006, L. 204/23 a 204/36. Disponível em: <http://cet.lu/wp-content/uploads/2010/08/2006-54_port.pdf>. Acesso em: 18 out. 2017

(57) PARLAMENTO EUROPEU. UNIÃO EUROPEIA. Resolução do Parlamento Europeu, em Estrasburgo, de 8 de outubro de 2015, sobre a aplicação da Diretiva n. 2006/54/CE do Parlamento Europeu e do Conselho, de 5 de julho de 2006, relativa à aplicação do princípio da igualdade de oportunidade e igualdade de tratamento entre homens e mulheres em domínios ligados ao emprego e à atividade profissional. Disponível em: <http://www.europarl.europa.eu/sides/getDoc.do?pubRef=-//EP//TEXT+TA+P8-TA-2015-0351+0+DOC+XML+V0//PT>. Acesso em: 18 out. 2017

em razão do sexo, sobretudo, neste caso, quando associadas as discriminações à gravidez e à licença maternidade.

A Resolução exorta, ainda, a Comissão a propor medidas claras para o combate, de forma eficaz, ao assédio sexual no local de trabalho, lamentando que, apesar da legislação da União Europeia a esse respeito, ainda são consideráveis as ocorrências de discriminações, mencionando, expressamente, contra transexuais.

5.2. Argentina

A Lei n. 1.225, de 4.12.2003, publicada no BOCBA n. 1.855 de 12.1.2004[58], aplicável aos organismos públicos da Cidade Autônoma de Buenos Aires, trata de forma geral o assédio como prática de superiores hierárquicos contra o pessoal dependente. Em seu art. 2º a Lei sanciona toda ação exercida sobre um(a) trabalhador(a) por superior hierárquico que atente contra a dignidade, integridade física, sexual, psicológica ou social daquele(a) mediante ameaça, intimidação, abuso de poder, assédio, assédio sexual, maltrato físico ou psicológico, social ou ofensa exercida sobre um(a) trabalhador(a).

Especificamente o art. 6º é dedicado ao tipo assédio sexual com o entendimento de que tal prática se configura quando há solicitação por qualquer meio, de favores de natureza sexual para si ou para outrem, prevalecendo-se de uma situação de superioridade, sempre que concorrer alguma das situações:

1. quando se formular com anúncio expresso ou tácito de causar dano à vítima, no que diz respeito a suas expectativas no âmbito da relação de trabalho;

2. quando diante do repúdio ou negativa da vítima for utilizado como fundamento à tomada de decisão relativa a essas pessoas ou a uma terceira pessoa diretamente a ela vinculada;

3. quando a assédio interfere no habitual desempenho do trabalho, estudos, tratamentos provocando um ambiente intimidatório, hostil ou ofensivo.

Uma diferença comparativa fundamental da legislação sob comento com a tipificação do assédio sexual no Brasil é o fato do assédio sexual no Brasil ser tipo quando praticado por superior hierárquico, enquanto outras formas de assédio, como o moral, poder ser verificado tanto na linha hierárquica vertical de hierarquia — tanto ascendente, como descendente — como na linha horizontal, ou seja, entre pessoas do mesmo nível hierárquico.

No âmbito privado o assédio sexual ainda não foi legislado como figura autônoma, embora existam vários projetos de leis — alguns não prosperaram — na tentativa de tipificar. Entretanto, o assédio sexual no âmbito das relações de trabalho, pode ser enquadrado como injúria, nos termos do art. 242 da Lei de Contrato de Trabalho.

5.3. Chile

No Chile, a Lei n. 20005, de 8.3.2005, introduziu modificação no Código do Trabalho, para tipificar e sancionar o assédio sexual, com a seguinte redação no art. 2º, para fixar que:

---

(58) ARGENTINA. *Lei n. 1.225, de 4.12.2003*, publicada no BOCBA n. 1.855 de 12.1.2004. Disponível em: <http://www.cedom.gov.ar/es/legislacion/normas/leyes/ley1225.html >. Acesso em: 7 jul. 2014.

As relações laborais deverão sempre fundar-se em um tratamento compatível com a dignidade da pessoa. É contrário a ela, entre outras condutas, o assédio sexual, entendendo-se por tal aquele que uma pessoa realize de forma indevida, por qualquer meio, favorecimento de natureza sexual, não consentidos por quem os recebe e que ameacem ou prejudiquem sua situação laboral ou suas oportunidades no emprego[59].

No art. 153 do referido Código constam as normas que exigem do empregador a observância no sentido de garantir um ambiente de trabalho digno e de mútuo respeito entre os trabalhadores. E o empregador não estará sujeito a pagar a indenização caso reste comprovado que cumpriu com suas obrigações. Tal possibilidade de o empregador livrar-se do dever de indenizar não consta, expressamente, do Código Penal Brasileiro, quando da tipificação.

Importante aspecto que diferencia o tratamento dado ao assunto pelo legislador chileno — e que demonstra mais evolução e cuidado que o legislador brasileiro — é a sua efetiva preocupação para evitar o surgimento da indústria das ações de assédio e, consequentemente, mitigar a banalização do tema. Por isso, merece ênfase que, expressamente, no art. 160 do Código de Trabalho, o Chile penaliza e obriga a indenizar os prejuízos causados por aquele que falsamente demanda contra alguém com acusação da prática de assédio. Além disso, o autor da ação de falso assédio, ainda estará sujeito a outras ações legais.

5.4. Colômbia

Dentro da preocupação de garantir às mulheres uma vida livre de violência, tanto no âmbito público como no privado, destaca-se a Lei n. 1.257, de 4.12.2008, editada para reformar o Código Penal, com o objetivo de sensibilizar, prevenir e sancionar as formas de violência e discriminação contra as mulheres.

De conformidade com o art. 1º, no Capítulo 1 das Disposições Gerais, o objeto desta Lei visa garantir a todas as mulheres uma vida livre de violência, tanto no âmbito público, como no privado.

A Lei, em seu art. 3º estabelece algumas definições de danos contra as mulheres, dentre elas, o dano ou sofrimento sexual com a seguinte redação:

(...)

c) Dano o sufrimiento sexual: Consecuencias que provienen de la acción consistente en obligar a uma persona a mantener contacto sexualizado, físico o verbal, o a participar em otras interaciones sexuales mediante el uso de fuerza, intimidación, coerción, chantaje, soborno, manipulación, amenaza o cualquier outro mecanismo que anule o limite la voluntad personal. Igualmente, se considerará dano o sufrimiento sexual el hecho de que la persona agresora obligue a la agredida a realizar alguno de estos actos con terceras personas[60].

---

(59) CHILE. Ministério del Trabajo Y Previsión Social; Subscretaría del Trabalho. *Ley 20.005, de 08 de marzo de 2005, Tipifica Y Sanciona el Acoso Sexual*. Fecha Publicación em 18 de marzo de 2005. Disponível em: <http://www.leychile.cl/Consulta/Exportar?radioExportar=Normas&exportar_formato=pdf&nombrearchivo=LEY-20005_18-MAR-2005&exportar_con_notas_bcn=True&exportar_con_notas_originales=True&exportar_con_notas_al_pie=True&hddResultadoExportar=236425.2005-03-18.0.0%23>. Acesso em: 11 jun. 2014.

(60) COLÔMBIA. Congreso de la República. *Ley 1.257, de 4 de diciembre de 2008*, publicada em el *Diário Oficial* n. 47.197 de 4 de deciembre de 2008. Disponível em: <http://www.secretariasenado.gov.co/senado/basedoc/ley/2008/ley_1257_2008.html>. Acesso em: 11 jun. 2014.

O art. 29 dessa Lei adiciona o art. 210-A à Lei n. 599 de 2000, conceituando o assédio sexual com a seguinte redação:

ARTÍCULO 29. Adiciónese al Capítulo Segundo del Título del Libro Segundo de la Ley 599 de 2000, el siguiente artículo:

ARTÍCULO 210 A. Acoso sexual. El que em benefício suyo o de um tercero y valiéndose de su superioridad manifesta o relaciones de autoridad o de poder, edad, sexo, posición laboral, social, familiar o econômica, acose, persiga, hostigue o asedie física o verbalmente, com fines sexuales no consentidos, a outra persona, incurrirá em prisión de uno (1) a três (3) años.

Observa-se, comparativamente, que a norma colombiana é mais abrangente que a brasileira, porque não se refere ao assédio apenas no âmbito das relações de trabalho, como ato praticado por quem tem superioridade hierárquica, sendo mais abrangente prevendo a manifestação dessas práticas nas relações de autoridade ou de poder, em razão de idade, posição hierárquica, social, familiar ou econômica.

Assemelha-se à legislação brasileira quando define que o assédio pode ocorrer contra qualquer pessoa, independente do sexo — se homem ou mulher — e, desde que, não haja consentimento.

5.5. Costa Rica

Na Costa Rica existe a Lei n. 7.476, de 3.3.1995[61], contra a prática do assédio moral no emprego e na docência, como discriminação por razão de sexo, contra a dignidade da mulher e do homem nas relações de trabalho.

Em seu art. 3º define o assédio ou fustigação sexual como toda conduta indesejada por quem a recebe de forma reiterada e que provoca efeitos prejudiciais às condições materiais de emprego ou de docência; desempenho e cumprimento laboral ou educativo; e, estado geral de bem-estar pessoal. Faz a ressalva de que não há necessidade de reiteração do assédio sexual, que se considera grave quando afeta algum desses aspectos indicados.

A referida lei detalha comportamentos por meio dos quais pode manifestar-se o assédio sexual, conforme consta em seu art. 4º:

1. Requerimentos de favores sexuais que impliquem em:

a) Promessa, implícita ou expressa, de um tratamento preferencial, a respeito da situação atual ou futura, de emprego ou de estudos de quem a recebe;

b) Ameaças, implícitas ou expressas, físicas ou morais, de danos ou castigos referidos à situação, atual ou futura, de emprego ou de estudos de quem as recebe;

c) exigência de uma conduta, cuja submissão ou recusa seja, de forma implícita ou explícita, condição para o emprego ou o estudo.

---

(61) COSTA RICA. *Ley 7476, de 3.3.1995, Contra el hostigamiento sexual em el empleo y la docência*. Disponível em: <http://www.gparlamentario.org/spip/IMG/pdf/Ley_7476_de_3-3-1995_Hostigamiento_Sexual_-_Costa_Rica.pdf>. Acesso em: 25 jul. 2014.

2. Uso de palavras de natureza sexual, escritas ou orais, que resultem hostis, humilhantes ou ofensivas para quem as recebe.

3. Abordagens corporais ou outras condutas físicas de natureza sexual, indesejados e ofensivos para quem os receba[62].

Essa lei é mais pormenorizada do que a legislação brasileira — art. 216-A do Código Penal Brasileiro — sobre o assunto. Prevê uma providência interessante não prevista na lei brasileira que é a obrigação de todo patrão ou superior hierárquico de divulgar o conteúdo da Lei n. 7.476, como previsto em seu art. 6º.

No seu art. 16, a lei costarriquenha prevê outra situação não tratada na legislação brasileira sobre assédio sexual, expressamente, que é a preocupação em coibir as denúncias falsas de assédio sexual. Aquele (a) que denuncia falsamente poderá incorrer em condutas próprias de difamação, injúria ou calúnia, segundo o Código Penal. No Brasil, também pode haver tal sanção, embora não necessária sua previsão no art. 216-A do Código Penal Brasileiro.

5.6. Peru

No Peru, existe a Lei n. 27.942, de 26.2.2003[63], denominada lei de prevenção e sanção do assédio sexual, produzido nas relações de autoridade ou subordinação hierárquica, qualquer que seja o regime trabalhista. E, por isso, seu âmbito de aplicação está previsto no art. 2º da referida Lei, compreendendo: 1) os centros de trabalho públicos e privados; 2) em instituições educativas, seja pessoal administrativo, professores ou auxiliares de serviços, públicos ou privados, comunitários, cooperativos paroquiais, qualquer que seja o regime; 3) em instituições policiais e militares, abrangidos não apenas os policiais e militares, como, também, aquelas pessoas que foram admitidas ou prestem serviços com base no Código Civil ou na Lei de Contratações e Aquisições do Estado; 4) demais pessoas intervenientes nas relações de sujeição não reguladas pelo Direito do Trabalho, como a prestação de serviços sujeitas às normas do Código Civil, a formação de aprendizes e programas de capacitação para o trabalho.

---

(62) **ARTICULO 4.-** Manifestaciones del acoso sexual

El acoso sexual puede manifestarse por medio de los siguientes comportamientos:

1.- Requerimientos de favores sexuales que impliquen:

a) Promesa, implícita o expresa, de un trato preferencial, respecto de la situación, actual o futura, de empleo o de estudio de quien la reciba.

b) Amenazas, implícitas o expresas, físicas o morales, de daños o castigos referidos a la situación, actual o futura, de empleo o de estudio de quien las reciba.

c) Exigencia de una conducta cuya sujeción o rechazo sea, en forma implícita o explícita, condición para el empleo o el estudio.

2.- Uso de palabras de naturaleza sexual, escritas u orales, que resulten hostiles, humillantes u ofensivas para quien las reciba.

3.- Acercamientos corporales u otras conductas físicas de naturaleza sexual, indeseados y ofensivos para quien los reciba.

(63) PERU. *Ley 27.942, de 26 de febrero de 2003*. Ley de Prevención y Sanción del Hostigamiento Sexual. Fonte: El Peruano de 27 de febrero de 2003. Disponível em: <http://bases.bireme.br/cgi-bin/wxislind.exe/iah/online/?IsisScript=iah/iah.xis&src=google&base=LEYES&lang=p&nextAction=lnk&exprSearch=12288&indexSearch=ID>. Acesso em: 20 ago. 2014.

O conceito encontra-se no art. 4º[64], entendendo que o assédio sexual típico ou a chantagem sexual consiste na conduta física ou verbal reiterada de natureza sexual não desejada e/ou rechaçada, realizada por uma ou mais pessoas que se aproveitam de uma posição de autoridade, de superioridade hierárquica ou qualquer outra situação vantajosa, contra uma ou outras pessoas, que rechaçam a conduta por se sentirem afetadas em sua dignidade e violadas em seus direitos fundamentais.

Como sanção se prevê a possibilidade de rescisão indireta do contrato de trabalho e pagamento de indenização, com tramitação pelo rito sumaríssimo, sem prejuízo da responsabilização penal.

Merece destaque uma regulação importante contida no art. 15 da Lei sob comento, que, certamente, evita que supostas ocorrências fiquem sem a adoção de providências, prevendo a condenação solidária do empregado encarregado de instaurar o procedimento administrativo e que não tenha adotado as ações oportunas e adequadas, com tempestividade. Assim, será este apurador responsável solidariamente por omissão, no pagamento de indenização de responsabilidade do assediador, sem prejuízo da responsabilidade penal correspondente. Essa mesma cláusula prevê, ainda, a possibilidade de motivação para o despedimento justificado do denunciante do falso assédio.

O Peru avançou bastante no tratamento desse tema, também merecedora de destaque a Cláusula Décima das Disposições Finais e Complementares da Lei n. 27.942/2003, onde faz referência à "falsa queixa", prevendo a obrigação de indenizar pelo suposto(a) assediado(a), quando declarada infundada — por decisão firme e transitada em julgado — a demanda de assédio sexual declarada infundada.

Quanto ao ponto acima destacado, merece ênfase que, comparativamente, não há previsão na legislação brasileira. E, sem dúvidas, é importante porque evita que algum dirigente da empresa acoberte, às vezes, por conveniência e protecionismo, os supostos casos que chegam ao conhecimento do órgão interno responsável pela apuração.

5.7. Portugal

A Constituição da República Portuguesa[65], aprovada em Sessão Plenária da Assembleia Constituinte, em 2 de abril de 1976, em seu Preâmbulo, referindo-se à Revolução de 25 de abril de 1974, saliente que livrando Portugal da opressão, restituiu aos Portugueses os direitos e liberdades fundamentais, assegurando o Primado do Estado de Direito Democrático, assumindo como princípio fundamental a sua base soberana na dignidade da pessoa humana, com empenho na construção de uma sociedade livre, justa e solidária.

---

(64) Artículo 4º - Concepto

El hostigamiento sexual típico o chantaje sexual consiste en la conducta física o verbal reiterada de naturaleza sexual no deseada y/o rechazada, realizada por una o más personas que se aprovechan de una posición de autoridad o jerarquia o cualquier otra u otras, quienes rechazan estas conductas por considerar que afectan su dignidad así como SUS derechos fundamentales.

(65) PORTUGAL. CONSTITUIÇÃO DA REPÚBLICA PORTUGUESA. *Sétima Revisão Constitucional – 2005*. Lisboa: Edição Assembleia da República. *Diário da República*, n. 155 – I Série – A, de 12 de agosto de 2005 – ISBN 978-972-556-646-6.

Entre os Direitos e Deveres Fundamentais destaca-se o Princípio da Igualdade, em seu art. 13º, de forma que:

"Ninguém pode ser privilegiado, beneficiado, prejudicado, privado de qualquer direito ou isento de qualquer dever em razão de ascendência, sexo, raça, língua, território de origem, religião, convicções políticas ou ideológicas, instrução, situação econômica, condição social ou orientação sexual."

Na sua gênese, o Texto Constitucional já assegurava dentre os direitos, liberdades e garantias pessoais a inviolabilidade da integridade física e moral das pessoas, bem como, o reconhecimento aos direitos à identidade pessoal, à imagem, à intimidade e a proteção legal contra quaisquer formas de discriminação e abusividades contrárias à dignidade humana. Eis a transcrição dos arts. 25 e 26 da CRP.

Art. 25.º
(Direito à integridade pessoal)

1. A integridade moral e física das pessoas é inviolável.

2. Ninguém pode ser submetido a tortura, nem a tratos ou penas cruéis, degradantes ou desumanos.

Art. 26.º
(Outros direitos pessoais)

1. A todos são reconhecidos os direitos à identidade pessoal, ao desenvolvimento da personalidade, à capacidade civil, à cidadania, ao bom nome e reputação, à imagem, à palavra, à reserva da intimidade da vida privada e familiar e à protecção legal contra quaisquer formas de discriminação.

2. A lei estabelecerá garantias efectivas contra a utilização abusiva, ou contrária à dignidade humana, de informações relativas às pessoas e famílias.

(...)

O Código do Trabalho de Portugal, com a Revisão aprovada pela Lei n. 7/2009[66], de 12 de fevereiro de 2009, em seu art. 29 traz a proibição da prática de assédio, inclusive, em especial, o assédio sexual, normatizado como aquele comportamento indesejado de caráter sexual, sob a forma verbal, não verbal ou física, com o objetivo de perturbar, afetar a dignidade do (a) trabalhador (a), criando-lhe um ambiente hostil e humilhante. Tal prática assegura à vítima o direito a indenização.

Art. 28.º

Indemnização por acto discriminatório

A prática de acto discriminatório lesivo de trabalhador ou candidato a emprego confere-lhe o direito a indemnização por danos patrimoniais e não patrimoniais, nos termos gerais de direito.

DIVISÃO II

Proibição de assédio

---

(66) PORTUGAL. Assembleia da República. *Lei n. 7, de 12 de fevereiro de 2009*. Publicação Diário da República, 1ª série, n. 30, 12 de fevereiro de 2009, p. 926-1.029. Disponível em: <https://dre.pt/application/file/602193>. Acesso em: 18 out. 2017

Art. 29.º

Assédio

1 – Entende-se por assédio o comportamento indesejado, nomeadamente o baseado em factor de discriminação, praticado aquando do acesso ao emprego ou no próprio emprego, trabalho ou formação profissional, com o objectivo ou o efeito de perturbar ou constranger a pessoa, afectar a sua dignidade, ou de lhe criar um ambiente intimidativo, hostil, degradante, humilhante ou desestabilizador.

2 – Constitui assédio sexual o comportamento indesejado de carácter sexual, sob forma verbal, não verbal ou física, com o objectivo ou o efeito referido no número anterior.

3 – À prática de assédio aplica-se o disposto no artigo anterior.

4 – Constitui contra-ordenação muito grave a violação do disposto neste artigo.

Os compromissos assumidos por Portugal tanto por força das Diretivas do Parlamento e Conselho Europeus, como em razão da ratificação da Convenção do Conselho da Europa para a Prevenção e o Combate à Violência contra as Mulheres e a Violência Doméstica, de Istambul/Turquia, de 11 de maio de 2011, aprovada pela Resolução da Assembleia da República n. 4, de 21 de janeiro de 2013, fortaleceram o ordenamento jurídico do país, com a sua internalização, contra a prática de atos de discriminação.

A partir da edição da Lei n. 99/2003[67], promulgada pelo Sr. Presidente da República em 4.8.2003 e referendada pelo Sr. Primeiro-Ministro, em 8.8.2003, ocorreu a integração e proteção legal contra o assédio, acentuado como violação à dignidade dos trabalhadores. E. como mencionado acima, a definição do assédio foi alterada pela Lei n. 7, de 12 de fevereiro de 2009.

Originalmente, em seu art. 24º, assim regulou o comportamento como ato de discriminação.

Art. 24.º
Assédio

1 – Constitui discriminação o assédio a candidato a emprego e a trabalhador.

2 – Entende-se por assédio todo o comportamento indesejado relacionado com um dos factores indicados no n. 1 do artigo anterior, praticado aquando do acesso ao emprego ou no próprio emprego, trabalho ou formação profissional, com o objectivo ou o efeito de afectar a dignidade da pessoa ou criar um ambiente intimidativo, hostil, degradante, humilhante ou desestabilizador.

3 – Constitui, em especial, assédio todo o comportamento indesejado de carácter sexual, sob forma verbal, não verbal ou física, com o objectivo ou o efeito referidos no número anterior.

A Convenção do Conselho da Europa para a Prevenção e o Combate à Violência contra as Mulheres e a Violência Doméstica, de Istambul, influenciou fortemente, servindo de base para a tipificação penal do assédio, mesmo que de forma discreta, porque regulado

---

(67) PORTUGAL. Assembleia da República. *Lei n. 99, de 27 de agosto de 2003*, que aprovou o Código do Trabalho, publicação Diário da República, IS-A, n. 197, 27 de agosto de 2003. Disponível em: <http://cite.gov.pt/Legis_Nac/ArquivoLN/LeisArqLN/Lei99_03.htm>. Acesso em: 18 out. 2017

como perseguição, no Código Penal Português, conforme redação do seu art. 154º-A, na alteração procedida por intermédio da Lei n. 83, de 5 de agosto de 2015[68].

Art. 154º-A

Perseguição

1 – Quem, de modo reiterado, perseguir ou assediar outra pessoa, por qualquer meio, direta ou indiretamente, de forma adequada a provocar-lhe medo ou inquietação ou a prejudicar a sua liberdade de determinação, é punido com pena de prisão até 3 anos ou pena de multa, se pena mais grave não lhe couber por força de outra disposição legal.

2 – A tentativa é punível.

3 – Nos casos previstos no n. 1, podem ser aplicadas ao arguido as penas acessórias de proibição de contacto com a vítima pelo período de 6 meses a 3 anos e de obrigação de frequência de programas específicos de prevenção de condutas típicas da perseguição.

4 – A pena acessória de proibição de contacto com a vítima deve incluir o afastamento da residência ou do local de trabalho desta e o seu cumprimento deve ser fiscalizado por meios técnicos de controlo à distância".

5 – O procedimento criminal depende de queixa.

Como se observa, a tipificação penaliza em até 3 (três) anos quem perseguir ou assediar outrem, de modo reiterado, por qualquer meio, provocando-lhe constrangimento, inquietação, com prejuízos a sua liberdade de determinação.

No art. 170 do Código Penal Português, consta a tipificação da importunação sexual, ou seja, aquele que importuna outra pessoa, por exemplo, com exibicionismo, com o objetivo de causar constrangimento para ter contato de natureza sexual. Eis a redação:

Art. 170.º

Importunação sexual

Quem importunar outra pessoa praticando perante ela actos de carácter exibicionista ou constrangendo-a a contacto de natureza sexual é punido com pena de prisão até um ano ou com pena de multa até 120 dias, se pena mais grave lhe não couber por força de outra disposição legal.

A título de ilustração, vale a transcrição de notícia veiculada e obtida no endereço eletrônico do Jornal PÚBLICO, em Portugal, de autoria da jornalista Aline Flor[69], sob o título "Todos os dias são abertos dois inquéritos por assédio sexual em Portugal", no qual destaca que, apesar de dois anos após a edição da Lei que incluiu a tipificação no Código Penal, ainda não há dados concretos sobre o seu impacto sobre os denominados piropos ofensivos. Há referência aos piropos[70].

---

(68) PORTUGAL. Assembleia Nacional. *Lei n. 83, de 5 de agosto de 2015*, publicação no Diário da República n. 151/2015, Série I de 2015.8.2005, p. 5.375-5.377. Disponível em: <https://dre.pt/web/guest/pesquisa/-/search/69951093/details/maximized>. Acesso em: 18 out. 2017.

(69) PORTUGAL. Jornal PÚBLICO. *Matéria Assédio Sexual*. Todos os dias são abertos dois inquéritos por assédio sexual em Portugal. Edição de 4 de agosto de 2017. Disponível em: <https://www.publico.pt/2017/08/04/sociedade/noticia/dois-anos-da-lei-do-piropo-1781286>. Acesso em: 18 out. 2017.

(70) Piropo - palavra ou frase lisonjeira que se dirige a uma pessoa revelando que se acha essa pessoa fisicamente atraente; galanteio. in Dicionário infopédia da Língua Portuguesa com Acordo Ortográfico [em

(...) "Em Portugal, o debate sobre a criminalização do piropo foi aceso, nas redes sociais e nos media. A questão acabou solucionada discretamente, em agosto de 2015, quando as 'propostas de teor sexual' foram incluídas no crime de importunação sexual através do mesmo diploma que alterou os crimes de violação e coacção sexual e criou os crimes de mutilação genital feminina, perseguição e casamento forçado.

Contudo, nestes dois anos desde que a formulação de 'propostas de teor sexual' passou a ser crime, o impacto da lei sobre os piropos ofensivos ainda não é conhecido.

(...)

Da mesma forma que não existem dados sobre as denúncias, não é ainda possível saber se houve alguma condenação. O Ministério Público também possui apenas dados gerais relativamente ao crime de importunação sexual, que mostram que no ano passado foram instaurados 733 inquéritos pela eventual prática deste crime, que abrange as 'propostas de teor sexual' (vulgo piropos), 'actos exibicionistas' e 'constrangimento a contacto de natureza sexual.'"

O piropo a que se refere a lei não é o galanteio elegante, que trata o (a) outro (a) com respeito, que lisonjeia, geralmente para demonstrar apreciação física, mas é aquele desrespeitoso, invasivo, deselegante, que importuna, constrange. Entretanto, como se trata de questão bastante pessoal, diante da criminalização, o recomendável é evitar, sob pena de ser interpretado, e talvez até seja mesmo, uma proposta de teor sexual, enquadrável na tipificação do Código Penal, pelo constrangimento causador.

Enfim, além das consequências no âmbito das relações trabalhistas, no Código Penal resta expresso o repúdio, a intolerância da sociedade portuguesa quanto a esse tipo de conduta.

Inevitável a comparação do direito brasileiro e o direito português, porque em Portugal, conforme destacado, deu-se tratamento tanto na legislação trabalhista como na esfera penal, enquanto no Brasil, na legislação trabalhista não há tratamento específico ao assédio moral ou sexual e, na legislação penal, a redação do art. 216-A, do Código Penal, deixa a desejar, porque trata do assédio sexual de maneira restrita, como se ocorresse apenas nas relações de trabalho, prevalecendo-se o agente de sua condição de superior hierárquico ou ascendência inerente ao exercício de emprego, cargo ou função.

5.8. Uruguai

O Uruguai publicou em seu Diário Oficial n. 27.819, de 21.9.2009, a Lei n. 18.561, de 18.8.2009[71], estabelecendo normas para a prevenção e sanção do assédio sexual no âmbito trabalhista e nas relações entre docentes e alunos.

---

linha]. Porto: Porto Editora, 2003-2017. Disponível em: <https://www.infopedia.pt/dicionarios/lingua-portuguesa/piropo>. Acesso em: 18 out. 2017.

(71) URUGUAI. *Lei n. 18.561, de 21 de 18 de agosto de 2009. Acoso Sexual – Normas para su prevención y sanción en el ámbito laboral y en las relaciones docente-alumno*. Publicación D.O. 21 set/009 – n. 27819. Disponível em: <http://sip.parlamento.gub.uy/leyes/AccesoTextoLey.asp?Ley=18561&Anchor=>. Acesso em: 20 ago. 2014.

Do conceito contido em seu art. 2º, extrai-se o entendimento de que assédio sexual é todo comportamento de natureza sexual, realizado por pessoa de igual ou distinto sexo, não desejado pela vítima e cuja recusa, repúdio, lhe produza ou ameace produzir prejuízos em sua situação laboral ou em sua relação docente ou que crie um ambiente de trabalho intimidatório, hostil ou humilhante para a vítima.

A lei uruguaia descreve em seu art. 3º, de forma mais detalhada, alguns comportamentos que podem manifestar o assédio sexual. Eis a redação:

"**Artículo 3º** (Comportamientos de acoso sexual). El acoso sexual puede manifestarse — entre otros — por medio de los siguientes comportamientos:

1) Requerimientos de favores sexuales que impliquen:

a) Promesa, implícita o explícita, de un trato preferencial respecto de la situación actual o futura de empleo o de estudio de quien la reciba.

b) Amenazas, implícitas o explícitas, de perjuicios referidos a la situación actual o futura de empleo o de estúdio de quien la reciba.

c) Exigencia de una conducta cuya aceptación o rechazo, sea en forma implícita o explícita, condición para el empleo o de estúdio.

2) Acercamientos corporales u otras conductas físicas de naturaleza sexual, indeseada y ofensiva para quién los reciba.

3) Uso de expresiones (escritas u orales) o de imágenes de naturaleza sexual, que resulten humillantes u ofensivas para quien las reciba. Un único incidente grave puede constituir acoso sexual."

A responsabilidade do empregador pelos atos praticados pelos superiores hierárquicos ou por quem tenha representação no exercício do poder de direção, desde que tenha tomado conhecimento da ocorrência e não haja adotado medidas corretivas, é objetiva conforme expresso no art. 4º da Lei n. 18.561/2009.

Nesse estudo comparativo das legislações, nota-se o empenho e cuidado do Poder Público em controlar as práticas de assédio, seja sexual seja moral, no ambiente de trabalho, preservando dessa forma a integridade física e psicológica dos trabalhadores.

Ademais, verificou-se que em certos países essa conduta desestabilizadora das relações de trabalho ocasionou penalidades mais severas para os entes envolvidos, incluindo a responsabilidade solidária dos empregados e empregadores.

Considerações Finais

O trabalho de pesquisa permitiu uma breve abordagem pelo valor do debate, tomando o cotidiano como laboratório e a realidade como ponto de observação.

É incontestável que a mulher é a vítima mais vulnerável, portanto, sofre e representa a quase totalidade dos casos já levados à apreciação e julgamento pelo Poder Judiciário. E, em média, encontra-se o homem em idade mais madura, precisando certamente reafirmar-se e usando o poder como arma de sedução. Uns não se enxergam e acreditam serem ainda sedutores, outros mais realistas, se enxergam, têm consciência que não mais são tão sedutores, porém sabem que chamam a atenção, os olhares e falsas simpatias mais em razão do que representam.

Vale um comentário, sem retirar, de forma alguma, a carga de culpabilidade do agente, o autor do assédio. Pessoas com o perfil acima delineado, sem se aperceberem, talvez até cegas pela sedução do poder, não têm noção de que também se tornaram alvos fáceis de armadilhas, especialmente, quando a suposta vítima, como se diz "dá corda", é ardilosa no seu intento de ascender rápido na empresa, ou o que é mais grave, se não tem intenção de projetar-se, mas alcançar uma boa indenização por intermédio de uma ação indenizatória por danos morais.

Importante destacar que a figura do assédio deve portar em sua essência o caráter de impertinência, de perseguição por parte do autor que causa constrangimento e, em contrapartida, o repúdio da vítima.

Trata-se de um crime contra os costumes, especialmente, contra a liberdade sexual.

No Direito Brasileiro, a tipificação tem sido alvo de críticas por ter restringido a caracterização da autoria, por considerar como sujeito ativo, exclusivamente, aquele (a) que seja superior hierárquico ou tenha ascendência no trabalho sobre o sujeito passivo no ambiente de trabalho.

Assim, outras condutas impertinentes de conotação sexual, inclusive, com o intuito de obter vantagem ou favorecimento sexual, praticado por colegas sem vínculo de subordinação hierárquica, tende a ter outra tipificação, porque tecnicamente, não se trata de comportamento próprio e puro do tipo penal previsto no art. 216-A do Código Penal. À luz da CLT, são comportamentos passíveis de enquadramento como motivadores de justa causa para a resilição do contrato de trabalho, como por exemplo incontinência de conduta, na forma do art. 482 da CLT.

Todo tipo de assédio deve ser combatido, porque violador da dignidade da pessoa humana e aos valores sociais do trabalho e, além disso, o empregador é responsável pela manutenção de sadio ambiente de trabalho, devendo ser tempestivo nas apurações e aplicação de sanções, sempre que for o caso, sob pena de também violar o princípio da imediatidade. Ressalte-se que, como se depreende dos arts. 932 e 933 do Código Civil e da Súmula n. 341 do STF, presume-se a culpa do empregador ou de seu preposto.

Com a inserção, cada vez mais, de menores de 18 anos nos ambientes de trabalho das mais diversas atividades econômicas, inclusive, a partir dos 14 anos na condição de menor aprendiz, os cuidados das empresas devem ser redobrados, principalmente, com campanhas preventivas e de esclarecimento, considerando a gravidade das práticas lesivas que podem ser perpetradas contra os menores de idade, com consequências graves na sua formação e desenvolvimento. Ademais, são sérios os danos tangíveis e intangíveis ao patrimônio das empresas, notadamente, se perante a sociedade, investidores e órgãos fiscalizadores.

As pesquisas possibilitam o conhecimento sobre como o assunto é tratado pela legislação de outros países. E constatou-se que há acentuada preocupação em inibir a prática do assédio sexual, não apenas atacando as causas, mas penalizando a autora e as empresas omissas.

Algumas legislações foram mais abrangentes que a brasileira ao não restringir a tipificação do assédio sexual ao ambiente de trabalho, a exemplo da Colômbia que trata o assunto dentro das definições de dano ou sofrimento das mulheres. A legislação brasileira apresenta de positivo o fato de não restringir o assédio às mulheres como vítimas, pois leva em conta que tanto a autora como o destinatário, vítima do assédio independe de opção sexual, pois o que o caracteriza é a impertinência do autor na vítima contra quem pretende o favorecimento sexual.

Do estudo, considerando o Direito Comparado, extrai-se que a legislação mais cuidadosa e cautelosa, ao mesmo tempo educativa é a do Peru, pois além de abranger o cuidado com as prestadoras de serviço — sem vínculo de subordinação — textualmente, prevê a responsabilidade solidária de empregado e empregador e, além disso, também prevê a penalização às falsas denúncias que resultam em demandas de assédio sexual com sentença de reclamação infundada.

Conforme destacado no trabalho, o Direito português deu tratamento tanto na legislação trabalhista como na esfera penal, enquanto no Brasil, na legislação trabalhista não específica a assédio moral nem o sexual e, na legislação penal, a redação do art. 216-A, do Código Penal, deixa a desejar, porque trata do assédio sexual de maneira restrita, como se ocorresse apenas nas relações de trabalho, prevalecendo-se o agente de sua condição de superior hierárquico ou ascendência inerente ao exercício de emprego, cargo ou função.

O fato certo é que a prática do assédio sexual, como toda espécie de assédio, é nefasta às relações de trabalho e devem ser combatidas.

As empresas têm responsabilidade de zelar pelo estabelecimento e manutenção de ambiente de trabalho livre de sofrimento, enquanto o Estado e a sociedade organizada (sindicatos, entidades de defesa dos direitos humanos) devem estar vigilantes e atentos no sentido de fazer valer os princípios que preservem os valores sociais do trabalho e a dignidade da pessoa humana.

Referências Bibliográficas

ADAMOVICH, Eduardo Henrique Raymundo Von. *Comentários à Consolidação das Leis do Trabalho.* Rio de Janeiro: Forense, 2009.

ARGENTINA. *Ley n. 1225, de 4 de dezembro de 2003*, publicada no BOCBA n. 1.855 de 12.1.2004. Disponível em: <http://www.cedom.gov.ar/es/legislacion/normas/leyes/ley1225.html>. Acesso em: 7 jul. 2014.

BARRETO, Marco Aurélio Aguiar. *Assédio moral no trabalho – Responsabilidade do empregador:* perguntas e respostas. 2. ed. São Paulo: LTr, 2009.

BRASIL. *CLT, CPC, Legislação Previdenciária e legislação complementar e Constituição Federal.* Obra coletiva de autoria da Editora Saraiva com a colaboração de Antônio Luiz de Toledo Pinto, Márcia Cristina Vaz dos Santos Windt e Lívia Céspedes. 6. ed. São Paulo: Saraiva, 2011.

_____. *Decreto-lei n. 1.001, de 21 de outubro de 1969,* em que os Ministros da Marinha de Guerra, do Exército e da Aeronáutica Militar, usando das atribuições que lhes confere o art. 3º do Ato Institucional n. 16, de 14 de outubro de 1969, combinado com o § 1º do art. 2º, do Ato Institucional n. 5, de 13 de dezembro de 1968, decretam Código Penal Militar. Publicação no Diário Oficial da União de 21 de outubro de 1969. Disponível em: <http://www.planalto.gov.br/ccivil_03/Decreto-lei/Del1001.htm>. Acesso em: 14 ago. 2017

_____. *Lei n. 8.429, de 2 de junho de 1992,* que dispõe sobre as sanções aplicáveis aos agentes públicos nos casos de enriquecimento ilícito no exercício de mandato, cargo, emprego ou função na administração pública direta, indireta ou fundacional e dá outras providências. Publicação no Diário Oficial da União em 3 de junho de 1992.

_____. *Lei n. 10.224, de 15 de maio de 2011.* Altera o Decreto-lei n. 2.848, de 7 de dezembro de 1940 – Código Penal, para dispor sobre o crime de assédio sexual e dá outras providências. Publicação no Diário Oficial da União – Seção 1 – Eletrônico – 16.5.2011, p. 1. Disponível em: <http://www2.camara.gov.br/legin/fed/lei/2001/lei-10224-15-maio-2001-332602-publicacaooriginal-1-pl.html>. Acesso em 31: out. 2014.

_____. *Projeto de Lei do Senado n. 65, de 2009.* Autoria Senador Magno Malta. Altera o Decreto-lei n. 1.001, de 21 de outubro de 1969 (Código Penal Militar), para prever o crime de assédio sexual. Disponível em: <http://www25.senado.leg.br/web/atividade/materias/-/materia/89706>. Acesso em: 17 ago. 2017

_____. Supremo Tribunal Federal. Tribunal Pleno. *Acórdão ADPF-291/DF,* relatoria Ministro Roberto Barroso, julgamento de 28.10.2015, divulgado em 10.5.2016, publicado no DJe de 11.5.2016. Disponível em: <http://redir.stf.jus.br/paginadorpub/paginador.jsp?docTP=TP&docID=10931627>. Acesso em: 15 out. 2017.

_____. SUPERIOR TRIBUNAL MILITAR. *Processo 0000022-33.2008.7.01.0301*, relatoria Ministro José Américo dos Santos. Publicação no DJE de 22 jun. 2011. Disponível em: <https://www2.stm.jus.br/cgi-bin/nph-brs?s1=assedio+e+sexual&l=20&d=JURI&p=1&u=j&r=1&f=G&sect1=NOVAJURI>. Acesso em: 24 set. 2017.

_____. SUPERIOR TRIBUNAL MILITAR. *Processo 0000070-02.2016.7.01.0401/RJ*, relatoria Ministro Carlos Augusto de Sousa. Publicação DJE 5 abr. 2017. Disponível em: <https://www2.stm.jus.br/cgi-bin/nph-brs?s1=sexual&l=20&d=JURS&p=1&u=j&r=2&f=G&sect1=NOVAJURI>. Acesso em: 26 set. 2017.

_____. TRIBUNAL REGIONAL DO TRABALHO DA 5ª REGIÃO. Acórdão da 3ª Turma, proc. RO 009892722-50, Acórdão n. 4.613/92, de 07 de julho de 1992, relatoria do Juiz Ronald Souza. *Revista LTr*, São Paulo, p. 318, mar. 1993.

_____. TRIBUNAL REGIONAL DO TRABALHO DA 12ª Região, Proc. RO 596/85, julgado em 12 de novembro de 1985. Rel. Juiz Câmara Rufino. TEIXEIRA FILHO, João de Lima. *Repertório de jurisprudência trabalhista*, v. 5, p. 684.

_____. TRIBUNAL SUPERIOR DO TRABALHO. *Processo TST-AIRR-1096-07.2013.5.08.0015*, Acórdão da Segunda Turma, relatoria do Desembargador convocado Gilmar Cavalieri. Publicação do DEJT de 5 nov. 2014. Disponível em: <www.tst.jus.br>. Acesso em: 5 jan. 2015.

_____. TRIBUNAL SUPERIOR DO TRABALHO. Processo *TST-RR-69178-2002-900-04-00.7* – Acórdão da Quinta Turma, relatoria do Ministro João Batista Brito Pereira. Disponível em: <www.tst.jus.br>. Acesso em: 10 jan. 2015.

_____. TRIBUNAL SUPERIOR DO TRABALHO. *Processo n. TST-AIRR-8302-40.2012.5.12.0001*, Acórdão da Sétima Turma, relatoria do Desembargador convocado Arnaldo Boson Paes, publicado no DEJT de 28 nov. 2014. Disponível em: <www.tst.jus.br>. Acesso em: 5 jan. 2015.

_____. TRIBUNAL SUPERIOR DO TRABALHO. Processo *TST-AIRR-12940-70.2003.5.02.0079*, Acórdão da Oitava Turma, relatoria do Ministro Márcio Eurico Vitral Amaro, em 10.11.2010. Publicação no DEJT de 12 nov. 2010.

Cartilha Assédio moral e sexual no trabalho. Brasília: MTE, ASCOM, 2009.

CASSAR, Vólia Bomfim. *Direito do trabalho*. 4. ed. Niterói: Impetus, 2010

CERNICCHIARO, Luiz Vicente. Assédio sexual. *Jornal Síntese*, n. 22, p. 4, dez. 1988.

CHILE. Ministério del Trabajo Y Previsión Social; Subscretaría del Trabalho. *Ley 20005, de 08 de marzo de 2005*, Tipifica Y Sanciona el Acoso Sexual. Fecha Publicación em 18 de marzo de 2005. Disponível em: <http://www.leychile.cl/Consulta/Exportar?radioExportar=Normas&exportar_formato=pdf&nombrearchivo=LEY-20005_18-MAR-2005&exportar_con_notas_bcn=True&exportar_con_notas_originales=True&exportar_con_notas_al_pie=True&hddResultadoExportar=236425.2005-03-18.0.0%23>. Acesso em: 11 jun. 2014.

CÓDIGO DE CONDUTA DOS EMPREGADOS E DIRIGENTES DA CAIXA. CAIXA ECONÔMICA FEDERAL. Disponível em: <http://www.caixa.gov.br/Downloads/caixa-codigo-conduta-empregados--caixa/Codigo_Conduta_Empregados.pdf>. Acesso em: 7 set. 2017.

CÓDIGO DE CONDUTA ÉTICA DA ORGANIZAÇÃO BRADESCO. Disponível em: <https://www.bradescori.com.br/site/conteudo/interna/default3.aspx?secaoId=867>. Acesso em: 7 set. 2017.

CÓDIGO DE ÉTICA. CAIXA ECONÔMICA FEDERAL. Disponível em: <http://www.caixa.gov.br/Downloads/caixa-etica/CODIGO_ETICA_CAIXA.pdf>. Acesso em: 7 set. 2017.

CÓDIGO DE ÉTICA DA DUDALINA S./A. Disponível em: <http://sa.dudalina.com.br/wp-content/uploads/2014/04/codigo_de_etica.pdf>. Acesso em: 7 set. 2017.

CÓDIGO DE ÉTICA DA EMPRESA – L'OREAL. *A Nossa Forma de Trabalhar.* Disponível em: <www.loreal.com/~/media/Loreal/Files/pdf/en/ethics_book_brazilian.pdf>. Acesso em: 18 ago. 2017.

CÓDIGO DE ÉTICA E NORMAS DE CONDUTA DO BANCO DO BRASIL S./A. Disponível em: <http://www.bb.com.br/docs/pub/siteEsp/ri/pt/dce/dwn/Codigoetica.pdf>. Acesso em: 7 set. 2017.

CÓDIGO DE ÉTICA DO SISTEMA PETROBRÁS. Disponível em: <http://www.petrobras.com.br/pt/quem-somos/perfil/transparencia-e-etica/>. Acesso em: 7 set. 2017.

CÓDIGO DE ÉTICA E CONDUTA. FEDERAÇÃO DAS INDÚSTRIAS DO ESTADO DO PARANÁ. Sistema FIEP/SESI/SENAI/IEL. Disponível em: <http://www.sistemafiep.org.br/codigo-de-etica-e-conduta/uploadAddress/Fiep_condigo_etica_conduta%5B74612%5D.pdf>. Acesso em: 18 ago. 2017.

CÓDIGO DE ÉTICA E CONDUTA DA VALE S./A. Disponível em: <http://www.vale.com/pt/aboutvale/ethics-and-conduct-office/code-of-ethics/documents/codigo-conduta-etica/vale_0238_cod_conduta_digi_final_ls.pdf>. Acesso em: 18 ago. 2017.

COLÔMBIA. Congreso de la República. *Ley 1257 de 4 de diciembre de 2008*, publicada en el Diário Oficial n. 47.197 de 4 de deciembre de 2008. Disponível em: <http://www.secretariasenado.gov.co/senado/basedoc/ley/2008/ley_1257_2008.html>. Acesso em: 11 jun. 2014.

COSTA RICA. *Ley 7476, de 3.3.1995.* Contra el hostigamiento sexual en el empleo y la docencia. Disponível em: <http://www.gparlamentario.org/spip/IMG/pdf/Ley_7476_de_3-3-1995_Hostigamiento_Sexual_-_Costa_Rica.pdf>. Acesso em: 25 jul. 2014.

FEIJÓ, Carmem. *Assédio sexual dá origem a vários tipos de processos trabalhistas.* Disponível em: <www.tst.jus.br>. Acesso em: 10 jan. 2015.

GONÇALVES JÚNIOR, Mário. Prova de assédio em Juízo: o dever de punir após o trânsito em julgado. Artigo publicado no *Jornal Síntese*, n. 73, p. 9, mar. 2003.

HOUAISS, Antônio; VILLAR, Mauro de Salles. *Dicionário Houaiss da Língua Portuguesa*, elaborado pelo Instituto Antônio Houaiss de Lexicografia e Banco de Dados da Língua Portuguesa S/C Ltda. – Rio de Janeiro: Objetiva, 2001.

HUSBANDS, Robert. Análisis Internacional de las leyes que sancionam el acoso sexual. *Revista Internacional del Trabajo*, v. 112, n. 1, p. 115, 1993.

JESUS, Damásio E. Crime de assédio sexual. *Jornal Síntese*, n. 55, p. 3, set. 2001.

LATIF, Omar Aref Abdul. Assédio sexual nas relações de trabalho. In: *Âmbito Jurídico*, Rio Grande, X, n. 41, maio 2007. Disponível em: <http://www.ambitojuridico.com.br/site/index.php?n_link=revista_artigos_leitura&artigo_id=1826>. Acesso em: 10 ago. 2014.

LIPPMANN, Ernesto. *Assédio sexual nas relações de trabalho.* São Paulo: LTr, 2001.

NUCCI, Guilherme de Souza. *Manual de direito penal:* parte geral: parte especial. 4. ed. rev. atual e ampl. 2. tir. São Paulo: Revista dos Tribunais, 2008.

MAIA, Edna Ferreira. Assédio sexual e a dignidade do trabalhador. *Revista Síntese Trabalhista*, n. 120, jun. 1999.

PARLAMENTO EUROPEU. UNIÃO EUROPEia. Resolução do Parlamento Europeu, em Estrasburgo, de 8 de outubro de 2015, sobre a aplicação da Diretiva n. 2006/54/CE do Parlamento Europeu e do Conselho, de 5 de julho de 2006, relativa à aplicação do princípio da igualdade de oportunidade e igualdade de tratamento entre homens e mulheres em domínios ligados ao emprego e à atividade profissional. Disponível em: <http://www.europarl.europa.eu/sides/getDoc.do?pubRef=-//EP//TEXT+TA+P8-TA-2015-0351+0+DOC+XML+V0//PT>. Acesso em: 18 out. 2017

PASTORE, José; ROBORTELLA, Luiz Carlos A. *Assédio sexual no trabalho*. O que fazer? São Paulo: Makron Books, 1998.

PEDUZZI, Maria Cristina. Ministra aponta efeitos do assédio sexual no trabalho. *Notícias do Tribunal Superior do Trabalho*. Disponível em: <www.tst.jus.br>. Acesso em: 7 set. 2014.

PERU. *Ley 27.942, de 26 de febrero de 2003*. Ley de Prevención y Sanción del Hostigamiento Sexual. Fonte: El Peruano de 27 de febrero de 2003. Disponível em: <http://bases.bireme.br/cgi-bin/wxislind. exe/iah/online/?IsisScript=iah/iah.xis&src=google&base=LEYES&lang=p&nextAction=lnk&exprSea rch=12288&indexSearch=ID>. Acesso em: 20 ago. 2014.

PORTUGAL. CONSTITUIÇÃO DA REPÚBLICA PORTUGUESA. *Sétima Revisão Constitucional – 2005*. Lisboa: Edição Assembleia da República. Diário da República, n. 155 – I Série – A, de 12 de agosto de 2005 – ISBN 978-972-556-646-6.

_____. Assembleia da República. *Lei n. 99, de 27 de agosto de 2003*, que aprovou o Código do Trabalho, publicação Diário da República, IS-A, n. 197, 27.8.2003. Disponível em: <http://cite.gov.pt/ Legis_Nac/ArquivoLN/LeisArqLN/Lei99_03.htm>. Acesso em: 18 out. 2017.

_____. Assembleia Nacional. *Lei n. 83, de 05 de agosto de 2015*, publicação no Diário da República n. 151/2015, Série I de 2015-08-05, p. 5.375-5.377. Disponível em: <https://dre.pt/web/guest/pesquisa/-/ search/69951093/details/maximized>. Acesso em: 18 out. 2017.

_____. *Dicionário infopédia da Língua Portuguesa com Acordo Ortográfico* [em linha]. Porto: Porto Editora, 2003-2017. Disponível em: <https://www.infopedia.pt/dicionarios/lingua-portuguesa/piro-po>. Acesso em: 18 out. 2017

_____. *Jornal PÚBLICO*. Matéria Assédio Sexual – Todos os dias são abertos dois inquéritos por assédio sexual em Portugal. Edição de 4 de agosto de 2017. Disponível em: <https://www.publico. pt/2017/08/04/sociedade/noticia/dois-anos-da-lei-do-piropo-1781286>. Acesso em: 18 out. 2017.

SOBRINHO, *apud* DAL BOSCO, Maria Goretti. *Assédio Sexual nas relações de trabalho*. Disponível em: <http://jus2.uol.com.br/doutrina/texto.asp?id=2430>. Acesso em: 27 ago. 2014.

UNIÃO EUROPEIA. Directiva n. 2002/73/CE do Parlamento Europeu e do Conselho, de 23 de setembro de 2002. *Jornal Oficial das Comunidades Europeias – PT*, 5 out. 2002, L. 269/15 a 269/20. Disponível em: <http://eur-lex.europa.eu/legal-content/PT/TXT/PDF/?uri=CELEX:32002L0073&fr om=PT>. Acesso em: 18 out. 2017.

_____. Directiva 2004/113/CE do Conselho, de 13 de dezembro de 2004. *Jornal Oficial da União Europeia – PT*, 21 dez. 2004, L. 373/37 a 373/43. Disponível em: <http://eur-lex.europa.eu/search.ht ml?DTN=0113&DTA=2004&qid=1477601220204&CASE_LAW_SUMMARY=false&DTS_DOM=A LL&excConsLeg=true&type=advanced&SUBDOM_INIT=ALL_ALL&DTS_SUBDOM=ALL_ALL>. Acesso em: 27 out. 2016.

_____. Directiva 2006/54/CE do Parlamento Europeu e do Conselho de 5 de julho de 2006. *Jornal Oficial da União Europeia – PT*, 26 jul. 2006, L. 204/23 a 204/36. Disponível em: <http://cet.lu/wp- -content/uploads/2010/08/2006-54_port.pdf>. Acesso em: 18 out. 2017.

URUGUAI. *Lei n. 18.561, de 18 de agosto de 2009*. Acoso Sexual – Normas para su prevención y sanción en el ámbito laboral y en las relaciones docente-alumno. Publicación D.O. 21 set/009 – n. 27819. Disponível em: <http://sip.parlamento.gub.uy/leyes/AccesoTextoLey.asp?Ley=18561&Anchor=>. Acesso em: 20 ago. 2014.

Vade Mecum, obra coletiva de autoria da Editora Saraiva com a colaboração de Luiz Roberto Curia, Lívia Céspedes e Juliana Nicoletti. 14. ed. atual. e ampl. São Paulo: Saraiva, 2012.